Cruzando fronteiras: o currículo cultural
da Educação Física

© Saulo Françoso, 2012

Françoso, Saulo
    Cruzando fronteiras: o currículo cultural da Educação Física / Saulo Françoso – São Paulo: SESI-SP editora, 2012. (Prata da casa. Programa Publique-se SESI)
258 p.

ISBN 978-85-8205-006-4

1. Educação Física 2. Orientação curricular 3. Currículo cultural I. Título

CDD – 796.07

Índices para catálogo sistemático:
1. Educação Física
2. Currículo cultural

Bibliotecárias responsáveis: Elisângela Soares CRB 8/6565
                             Josilma Gonçalves Amato CRB 8/8122

SESI -SP Editora
Avenida Paulista, 1313, 40 andar, 01311 923, São Paulo - SP
F. 11 3146.7308 editora@sesisenaisp.org.br

Saulo Françoso

Cruzando fronteiras: o currículo cultural da Educação Física

SESI-SP editora

SESI-SP editora

Conselho editorial
Paulo Skaf (Presidente)
Walter Vicioni Gonçalves
Débora Cypriano Botelho
Neusa Mariani

Prata da Casa

Editor
Rodrigo de Faria e Silva

Editora assistente
Juliana Farias

Capa e projeto gráfico
Paula Loreto

Apoio
Valquíria Palma

Diagramação
Rafael Teixeira

Revisão
Entrelinhas Editorial
Mariana Góis

Projeto desenvolvido em parceria com a Divisão de Educação do SESI-SP, sob a diretoria de Fernando Antonio Carvalho de Souza.

Prefácio

Saulo Françoso é um daqueles professores que se deixou fascinar pelo ensino. E desse fascínio surgiu o interesse de investigar a prática pedagógica. Mas não qualquer prática; o que o atraiu foi a docência sensível à diversidade que caracteriza o desenho social e compromissada com a formação de identidades democráticas. Por isso mesmo, sua obra de estreia não poderia ser melhor. Produto da pesquisa realizada no Programa de Pós-Graduação em Educação – Currículo, da Pontifícia Universidade Católica de São Paulo (PUC-SP), suas páginas cultivam o sonho da mudança através de uma educação crítica que considere seriamente o contexto vivido. Daí não ter medido esforços para captar, conhecer e analisar as angústias, alegrias e vicissitudes experimentadas por docentes que vivenciam cotidianamente o currículo cultural da Educação Física.

O livro chega em boa hora. O debate sobre o currículo está na ordem do dia. Não só na academia, reuniões de professores ou setores da administração educacional, mas também na mídia, salas de aula, movimentos sociais, empresas, entre outros ambientes nas quais se defenda a inserção ou retirada de qualquer conhecimento ou atividade pedagógica da proposta escolar. Fugindo ao lugar-comum que parece dominar o assunto, a obra rompe com a tradição psicobiológica que asfixia a teorização curricular para mergulhar sem medo no multiculturalismo crítico e nos Estudos Culturais. Com um forte arcabouço conceitual e recorrendo a uma linguagem acessível, entrelaça as referências desses campos teóricos com a produção específica da área, limando qualquer aresta epistemológica que possa confundir o leitor. Merecem ser ressaltadas as articulações elaboradas entre as várias perspectivas multiculturais e suas relações com o currículo da Educação Física, assim como suas configurações enquanto políticas de identidade e diferença.

Demonstrando todo seu engajamento, o autor posiciona-se claramente a favor dos mais fracos. Está de braços dados com os grupos que sofrem todas as consequências de relações de poder assimétricas e antidemocráticas, sendo impelidos ao silenciamento e à subalternização, e tendo suas práticas corporais desprezadas ou dissimuladas por aqueles setores que detêm privilégios sociais.

Sem malabarismos, desmistifica a proposta cultural do componente com o apoio das produções mais recentes sobre o tema, perfilando diversas análises das práticas corporais presentes e ausentes do universo escolar.

Os argumentos e exemplos utilizados fertilizam o terreno para as interpretações das Orientações Curriculares e das narrativas docentes. O documento municipal é destrinchado e dissecado. Tem suas vísceras expostas mediante a apresentação da sua gênese e das circunstâncias políticas que o fecundaram. Perspicaz e incansável, o Prof. Saulo recupera a tradição de importantes analistas do currículo quando cruza informações coletadas junto aos personagens diretamente envolvidos na construção do texto com o referencial que lhe dá sustentação. Obriga-se, muitas vezes, a contornar o aspecto evasivo das respostas para garimpar detalhes que lhe permitem elucidar disputas camufladas e desfetichizar o material produzido.

Das horas de conversas com os professores que se aventuram no currículo cultural da Educação Física, colhe elogios e críticas. Se, por um lado, exaltam os princípios e finalidades do projeto municipal, também identificam dificuldades nas escolas, nas relações com alunos, colegas e dirigentes. Diferentemente do que preconizam os conformistas, a inquietude que caracteriza esses profissionais fá-los criar, recriar e produzir, cada qual ao seu modo, alternativas para dar vida e corpo à proposta, derrubando uma a uma as resistências que se apresentam. Trata-se de uma pedagogia do dissenso que escapa à mera repetição do já conhecido e permite-se simplesmente artistar. É exatamente isso que fazem os professores quando problematizam a pipa e o cerol, o sexismo no futebol, levam seus alunos ao estádio, reorganizam os horários escolares, fazem combinados com a comunidade, enfrentam a burocracia oficial, conduzem pesquisas e entrevistas, recebem visitantes em suas aulas, entre tantas outras situações didáticas. Mesmo na ausência de modelos ou guias de referência, esses educadores radicais constroem e desenvolvem conjuntamente com seus alunos uma prática pedagógica culturalmente orientada, mostrando mais uma vez que a escola é um espaço de produção de conhecimentos e de autoria. E não, como querem alguns, um lugar de aplicação de currículos centralmente elaborados.

Penso que o maior mérito do trabalho que agora está em suas mãos é compartilhar a esperança de uma utopia possível. Pela leitura, poderá conhecer professores que colocam em ação um currículo que se nega a padecer do mesmo mal de outras concepções homogeneizantes. Verificará como o currículo cultural cruza as fronteiras das dificuldades e resistências, abre espaços para as manifestações culturais corporais minoritárias e proporciona condições para invenção de outras práticas educativas. O Prof. Saulo nos ensina que a melhor maneira de caminhar por esta paisagem teórico-metodológica é abandonar as antigas certezas para metamorfosear uma nova pedagogia da Educação Física.

Marcos Garcia Neira
Universidade de São Paulo
São Paulo, maio de 2012.

Dedicatória

À memória de minha avó Ciça. Nas imagens mentais de minha infância e juventude, sua presença permanece marcante.

Agradecimentos

À minha esposa Fernanda, pela amorosidade, pelas leituras compartilhadas e pela paciência demonstrada durante o percurso deste sonho. Seus apontamentos e questionamentos foram imprescindíveis no intenso processo de reflexão sobre a escrita do texto.

Aos meus queridos pais – Eugenio e Fátima – principais responsáveis pela minha formação. Aprendi, com eles, qualidades indispensáveis que me acompanharão por toda a vida.

Ao meu irmão e amigo Marcelo, sempre atencioso e disposto a ajudar no que fosse preciso. À segunda mãe Reginalva, pelo jeito simples e humilde que marcou profundamente minha maneira de ser e viver.

Ao Sesi-SP, por ajudar-me no cumprimento das minhas obrigações acadêmicas.

Ao professor Marcos Neira, pelo apoio dispensado desde o início deste projeto e pelas contribuições significativas que incorporaram o trabalho de pesquisa. À professora Ana Maria Saul, pelos ensinamentos freireanos e pela imensa sabedoria compartilhada nas tardes de quarta-feira.

A todos os educadores e educadoras que, com posicionamentos políticos comuns ou distantes aos meus, ajudaram na formação de minha consciência crítica. A todos os estudantes com os quais tive o prazer de trocar conhecimentos, ensinando e aprendendo, sempre em uma ação dialógica.

À orientadora Mere Abramowicz, pelo acolhimento e respeito pelas minhas ideias. À CAPES, pelo apoio financeiro.

... torna-se prioritário recuperar, para o maior número de cidadãos e cidadãs e, evidentemente, para o trabalho docente, os papéis de ativistas contra-hegemônicos com fé no futuro; com suficientes doses de utopia entremeadas de realismo para configurar um futuro mais justo, democrático, numa palavra: mais humano.

Jurjo Torres Santomé

Apresentação

O documento "Orientações Curriculares e Proposição de Expectativas de Aprendizagem para o Ensino Fundamental – ciclo II" de Educação Física, elaborado em 2007 pela Secretaria Municipal de Educação de São Paulo, apresenta a área de conhecimento inserida na concepção cultural. A partir da análise desse documento, identificamos que a concepção defendida pela proposta curricular possui forte influência dos campos teóricos do multiculturalismo crítico e dos Estudos Culturais. De cunho qualitativo, o presente trabalho procurou investigar, por meio de entrevistas semiestruturadas, as percepções de cinco professores/as de Educação Física acerca das dificuldades e possibilidades no desenvolvimento de aulas fundamentadas na perspectiva cultural. Ao confrontar os dados obtidos nas entrevistas com a teorização curricular multicultural, foi possível compreender o currículo como um campo de produção cultural permeado de relações de poder, em que, no cotidiano escolar, os/as docentes travam uma constante luta para romper fronteiras na viabilização do currículo oficial; visto que, hegemonicamente, a educação formal ainda é perpassada por práticas homogeneizantes, reprodutoras e monoculturais. As principais dificuldades, quanto ao currículo cultural da Educação Física, apontadas pelos/as docentes referem-se à resistência dos/as estudantes, de outros/as professores/as e de profissionais que ocupam cargos de gestão. Essa resistência é ocasionada por diferentes fatores, como: a ausência de um Projeto Político Pedagógico voltado às questões multiculturais, a política de formação deficitária da Secretaria Municipal de Educação de São Paulo (SME/SP), a representação enviesada que os/as estudantes possuem acerca da área de conhecimento e a estrutura rígida da instituição escolar. Esses fatores proporcionam um isolamento dos/as docentes, demarcando uma região fronteiriça que necessita ser cruzada. Entretanto, nesse jogo de forças, a pesquisa identificou inúmeras potencialidades pedagógicas do currículo cultural da Educação Física, que podem estimular produções de docentes e pesquisadores/as radicais, envolvidos/as na batalha por uma educação mais justa, democrática e solidária. Entre elas, podemos destacar a valorização dos/as alunos/as em relação à Educação Física e sua importância no currículo escolar, a legitimação das múltiplas identidades que colorem a paisagem das salas de aula, a busca de alianças junto aos/às profissionais de outras áreas, a abertura de espaços para as famílias e para a comunidade em geral, a desconstrução de relações opressoras de qualquer natureza e a possibilidade dos/as estudantes reconhecerem-se como produtores de conhecimento.

Palavras-chave: Currículo; Educação Física; Perspectiva Cultural; Multiculturalismo Crítico; Estudos Culturais.

Dissertação apresentada à Banca Examinadora da Pontifícia Universidade Católica de São Paulo como exigência parcial para obtenção do título de Mestre em Educação: Currículo, sob a orientação da Prof^a. Dr^a. Mere Abramowicz.

Sumário

1. Introdução...19
1.1 Um olhar sobre a minha formação e atuação docente.....19
1.2 As origens deste estudo e a sua relevância......................25
1.3 Objetivos e problema da pesquisa...................................31
2. Metodologia adotada...35
3. Fundamentação teórica...49
3.1 Multiculturalismo e educação física................................49
3.1.1 Perspectivas de multiculturalismo e as propostas curriculares da educação física...51
3.1.2 Multiculturalismo crítico e educação física....................72
3.1.2.1 Currículo e diversidade cultural.............................73
3.1.2.2 Identidade e diferença..77
3.1.2.3 Multiculturalismo crítico..82
3.1.2.4 Currículo multicultural crítico da educação física..86
3.2 O currículo de educação física inspirado pelos estudos culturais 96
3.2.1 Os estudos culturais e seu legado teórico......................97
3.2.2 O conceito de cultura nos estudos culturais.................101
3.2.3 A perspectiva dos estudos culturais na educação...........104
3.2.4 A influência dos estudos culturais no currículo de educação física 109
4. A pesquisa realizada..121

4.1 Orientações curriculares para o ensino fundamental – Ciclo II de educação física da SME/SP 121
4.1.1 A trajetória de construção do documento 122
4.1.2 A estrutura do documento e a concepção da área de educação física defendida 126
4.1.3 Os objetivos gerais de educação física à luz do multiculturalismo crítico e dos estudos culturais 133
4.1.4 A relação entre as expectativas de aprendizagem e os pressupostos teóricos do currículo multicultural crítico 137
4.1.5 As orientações didáticas 151
4.2 Os sujeitos pesquisados 162
4.3 A análise das entrevistas com os/as professores/as 164
4.3.1 O documento "Orientações Curriculares" de Educação Física da SME/SP sob a ótica dos professores e professoras 165
4.3.2 Cruzando fronteiras curriculares: o cotidiano das aulas de educação física na perspectiva cultural 174
5. Conclusões provisórias 237
Referências bibliográficas 247

1. Introdução

1.1 Um olhar sobre a minha formação e atuação docente

A opção pelo tema apresentado nesta pesquisa passa, necessariamente, pelo sonho da mudança curricular, por meio de uma educação crítica que considere seriamente a vida dos/as estudantes. Para situar os/as leitores/as a respeito de que lugar fala o autor desta pesquisa, apresentarei brevemente minha trajetória profissional antes de justificar a importância desta para o contexto educacional.

Começo, então, pela escolha da carreira docente, especificamente pela área da Educação Física. De início, assumo que jamais tive convicção da carreira profissional que gostaria de seguir. Tornar-me professor, no meu caso, não foi uma ação movida pelos sonhos de infância. Diferentemente dos/as colegas da escola, que faziam planos para o futuro, profissão alguma, em especial, me seduzia. Minha experiência, enquanto atleta de futsal, dos 6 aos 17 anos de idade, foi o principal fator que impulsionou a decisão pelo curso de Educação Física. Os famosos testes de vocação profissional não faziam nenhum sentido para mim. Imaginava que, após concluir a graduação em Educação Física, poderia me tornar um técnico de futebol, um preparador físico, ou, ainda, quem sabe, um professor de musculação.

Meu pai logo aprovou a ideia, já que sempre acompanhara de perto minha rotina de atleta, participando efetivamente de minha formação esportiva. Entretanto, minha mãe, em um primeiro momento, demonstrou-se contrária à decisão. Duas questões a afligiam: os baixos salários da profissão docente e a má reputação da área, visto ela ter a representação de que Educação Física era um curso de "gente vagabunda" (em suas palavras), de pessoas que não tinham maiores pretensões na vida.

No mesmo ano em que ingressei na faculdade de Educação Física, consegui meu primeiro emprego em um núcleo pedagógico. Tratava-se de uma casa que oferecia aulas de "reforço" para alunos/as que não conseguiam boas notas na escola. Atendia desde crianças de 7 anos, que passavam pelo processo de alfabetização, até jovens estudantes que necessitavam de apoio para passarem nos exames vestibulares. Essa experiência foi fundamental para que eu encontrasse, no trabalho docente, minha vocação profissional.

No segundo ano de faculdade eu já realizava um estágio em Educação Física no colégio particular onde havia cursado o Ensino Fundamental. Identificava uma enorme distância entre o que eu aprendia nas disciplinas acadêmicas e o que efetivamente vivenciava no decorrer do estágio. Disciplinas como "Anatomia", "Fisiologia", "Psicologia", "Biologia", "Antropometria" e "Cinesiologia" em nada me ajudavam no contexto educacional em que trabalhava. Também não entendia a finalidade de ter, na faculdade, quatro semestres de disciplinas como "Natação", "Basquetebol", "Voleibol", "Handebol", entre outras. A organização curricular do curso de Educação Física me incomodava muito. No terceiro ano da graduação, por exemplo, os homens deveriam participar das aulas de "Futebol", enquanto as mulheres cursariam a disciplina de "Dança". Eu não concordava com essa forma declarada de sexismo.

Após concluir a graduação, tornei-me professor de Educação Física em Educação Infantil e Ensino Fundamental, no mesmo colégio onde havia realizado o estágio, e passei a lecionar em escolas públicas estaduais. Minha prática pedagógica caracterizava-se pela promoção de jogos e brincadeiras para os/as alunos/as de 3 a 10 anos de idade, enfatizando o desenvolvimento motor das crianças, e pelo ensino dos esportes tradicionais (Futebol, Voleibol, Basquetebol e Handebol) para os/as estudantes de 11 anos ou mais.

O público de 3 a 10 anos era minha preferência, pelo carinho dispensado a mim pelas crianças e, principalmente, pela alegria ao participarem das atividades. Sentia maior dificuldade no trabalho com estudantes de 13 anos em diante. A pressão dos meninos pela prática exclusiva do Futebol nas aulas e a resistência das meninas em participar das vivências corporais promovidas provocavam em mim certa insatisfação e sensação de impotência.

Por meio de um concurso público, em 2005, ingressei no Sesi--SP (Serviço Social da Indústria), para ministrar aulas de Educação Física para o Ensino Fundamental II (5ª à 8ª série, na época). Concomitantemente, aos sábados, frequentava o curso de pós-graduação *lato sensu* em Educação Física Escolar. Na especialização, passei a ter contato com as questões pedagógicas, que tanto me fizeram falta na graduação, a partir de disciplinas que me ajudaram a tomar consciência das teorias educacionais que subjaziam minha prática docente.

Nesse período, participei dos encontros de formação de professores/as promovidos pelo Sesi-SP, nos quais se discutiam os procedimentos metodológicos que sustentavam a proposta curricular da rede de ensino. Esses debates faziam com que eu voltasse para a minha atuação profissional de forma a refletir criticamente acerca do meu papel enquanto educador e, também, estimularam-me a arriscar outras estratégias didáticas, superando o ensino técnico esportivo. Nessa etapa, desenvolvi alguns trabalhos, durante as aulas, com Dança, Lutas e Capoeira, encontrando, para minha surpresa, grande aceitação por parte dos/as estudantes.

Essas experiências com outros temas da cultura corporal ampliaram meu olhar sobre a área de Educação Física, pois, além de superar determinado ensino meramente técnico das modalidades esportivas tradicionais, permitiram maior aproximação com a cultura presente no universo dos/as alunos/as. Ao mesmo tempo em que minha prática passava por um processo de transformação, eu notava, durante os momentos de intervalo na sala dos/as professores/as e nas reuniões pedagógicas, um mal-estar explícito e generalizado.

A escola, para a maior parte dos/as docentes e demais funcionários/as, não era vislumbrada como um espaço de alegria. Muitas questões provocavam desconforto na equipe escolar e eram verbalizadas em uma mistura de ira e impotência. "A escola de hoje não é mais como era antigamente". "Os jovens de hoje não querem saber de nada". "A grande culpa dessa situação calamitosa é a família, que não se preocupa mais com a educação dos filhos".

"A direção precisa ser mais enérgica no combate à indisciplina". "A culpa é do governo que acabou com a repetência e implantou a aprovação automática".

Sentia-me, muitas vezes, um estranho no meio daquele debate de queixas e lamentações. Enquanto obtinha algum sucesso nas aulas de Educação Física, experimentando novas estratégias didáticas, a escola era "demonizada" pela maior parte dos funcionários e funcionárias. Se eu elogiava a atuação de algum/a estudante, que em outras disciplinas era tachado/a de indisciplinado/a, irresponsável ou incapaz, logo escutava dos/as demais professores/as que na Educação Física é mais fácil de trabalhar, visto que a maioria das pessoas gosta de brincar e praticar esportes. Esse tom pejorativo e, de certo modo, maldoso na fala destes/as profissionais, desprivilegiava minha atuação docente e marginalizava a função da Educação Física no contexto escolar.

Em 2007, ainda no Sesi-SP, assumi o cargo de "Analista Pedagógico", no qual minha principal atribuição era desenvolver um trabalho de formação continuada de professores/as. Cerca de 250 docentes da Rede Escolar Sesi-SP eram contemplados/as pelo projeto: eu e mais uma profissional percorríamos o Estado de São Paulo para cumprir a tarefa designada. Grande parte do tempo era dedicada para o planejamento desses encontros, demandando um cuidadoso trabalho de pesquisa, incluindo a participação em consultorias educacionais, cursos e reuniões, nos quais tínhamos a oportunidade de compartilhar saberes com os/as analistas pedagógicos/as de outros componentes curriculares. Assim sendo, me aprofundava nas teorias educacionais e estudava as diferentes abordagens pedagógicas da Educação Física. As experiências advindas desses encontros de formação de professores/as foram determinantes para que eu me interessasse pelo campo de estudos sobre o Currículo.

 É interessante destacar que minha formação política se deu por meio de um conjunto de experiências fora do âmbito acadêmico. Quando adolescente, meu gosto pelo *rock and roll* e pelo *reggae* influenciou profundamente meu modo de vida. Foi por meio das bandas psicodélicas de rock da década de 1960 e da rebeldia de artistas como Jimi Hendrix, Janis Joplin e Jim Morrison que conheci o movimento da contracultura, disseminado em várias partes do mundo nesse mesmo período. As letras camufladas e irreverentes de Raul Seixas me apresentaram ao movimento de resistência à ditadura militar no Brasil. A partir da postura política e revolucionária do cantor Bob Marley, comecei a compreender o rastafarismo e a luta pela libertação dos povos africanos.

 Ao mesmo tempo em que esses estilos musicais, de certa forma, moldavam minha identidade, a leitura das obras "Pedagogia do oprimido" de Paulo Freire e "Manifesto comunista" de Marx e Engels fomentou minha ira contra as injustiças provocadas pelo sistema capitalista. Do mesmo modo, a bravura de Che Guevara me mostrou que a mudança não se dá apenas no plano do sonho, da utopia. A rebeldia, enquanto denúncia, precisa se alongar até uma posição mais radical e crítica, a revolucionária, fundamentalmente anunciadora (FREIRE, 2002, p. 88).

Essa minha formação política, de viés progressista, baseada em um conjunto de fatores alheios ao contexto acadêmico e nas experiências da vida cotidiana, ratifica a necessidade apontada por Giroux e McLaren (2009) de repensar os cursos de magistério. Dessa forma, o currículo das universidades passa a ser concebido como uma forma de política cultural, que inclui questões de ordem social, cultural, política e econômica, criando condições para a formação de intelectuais que trabalhem em benefício de uma visão emancipatória. Segundo os autores, se e quando um/a professor/a decide engajar-se em formas de política radical, isso invariavelmente acontece anos depois de ter deixado o estabelecimento responsável por sua formação (p. 130).

Resgatar essa trajetória de vida é importante, pois todas essas experiências, de alguma maneira, influenciaram na escolha pelo tema que este trabalho se propõe a investigar. Esse conjunto de experiências, envolvendo uma formação acadêmica deficitária, uma atuação docente em diferentes níveis e com variados públicos, o trabalho com a formação de professores/as no Sesi-SP e os aspectos da vida cotidiana, que construíram meu ideal de esquerda, não podem ser desprezados para o completo entendimento da opção pelo tema desta pesquisa e pela concepção de currículo defendida ao longo da mesma.

1.2 As origens deste estudo e a sua relevância

Os discursos acadêmicos e as propostas curriculares que enfatizam a necessidade dos professores e professoras de Educação

Física a adotarem uma postura político-pedagógica comprometida com a formação de cidadãos críticos e autônomos, neste início de século XXI, marcado pelas incertezas e contradições de uma sociedade multicultural, foram o impulso inicial para este trabalho. Essa base me motivou a pesquisar os desafios enfrentados pelos/as docentes que estão na luta por uma Educação Física mais democrática, engajada em incorporar as experiências e os saberes dos/as estudantes, reconhecendo-os como dignos de estudo em meio ao percurso curricular da área de conhecimento.

Concordo com Neira e Nunes (2006) quando afirmam que as diferentes propostas curriculares, que compõem a trajetória histórica da Educação Física, sequer mencionam o estudo das temáticas advindas das manifestações corporais de grupos desfavorecidos. O absoluto predomínio de produtos culturais euro-americanos (Voleibol, Handebol, Futebol e Basquete) e o aparente desinteresse dos/as estudantes pelas aulas do componente curricular demandam a necessidade de o currículo abrir espaços para que as vozes dos grupos desfavorecidos economicamente sejam valorizadas de forma a legitimar as práticas culturais que fazem parte de seu cotidiano.

Nesse momento, em que grande parte das propostas curriculares da disciplina de Educação Física são organizadas em torno das manifestações da cultura corporal, me interessei pelas análises produzidas pelo campo dos Estudos Culturais e pelo multiculturalismo crítico. Apeguei-me à possibilidade de construir uma pedagogia radical, com o auxílio desses estudos, que questionasse o domínio dos produtos culturais prevalentes nas aulas do componente curricular. Percebo, em algumas propostas e publicações científicas da área, certo esforço em incluir outras manifestações da cultura corporal no currículo, a partir da política da diversidade. Porém, conforme salienta McLaren (2000a), somente essa preocupação não basta. O autor defende uma pedagogia crítica que tenha como um de seus objetivos mais fundamentais

> [...] uma compreensão de como as experiências socialmente construídas e, muitas vezes, contraditórias, bem como as necessidades dos/as estudantes, podem ser problemáticas a ponto de fornecer a base para explorar a interface entre suas próprias vidas e os limites e possibilidades dentro da ordem social mais ampla. (p. 42).

O descontentamento que ronda os discursos de colegas da profissão docente, sinalizando para um trágico e irreversível desfecho da instituição escolar, em vez de enfraquecer a batalha, acende ainda mais meu desejo em encontrar possíveis alternativas capazes de romper fronteiras e estabelecer novos paradigmas nesse contexto de sociedade, na qual as transformações aceleradas marcam um período em que a instabilidade e as incertezas caracterizam essa nova paisagem.

As escolas públicas, que nesse início de século XXI são invadidas por grupos heterogêneos em relação à classe, à sexualidade, à etnia etc.; onde convivem, no mesmo espaço, alunos e alunas que dormem na rua, crianças que dominam as mais variadas e avançadas tecnologias, que têm famílias de composições múltiplas, inseridas muitas vezes em um ambiente diário de violência e drogas, precisam urgentemente repensar sua forma de conceber a educação, sob o sério risco de perderem sua autonomia.

No cerne do debate contemporâneo acerca das questões que envolvem o currículo, diversos/as pesquisadores/as da área estão engajados/as em compreender as características dessa sociedade multicultural, multifacetada, e, ao mesmo tempo, procuram desenvolver estudos que apontam para algumas saídas nesse cenário caótico. Dentre as diferentes respostas apresentadas para as questões da diversidade cultural, as produções advindas do multiculturalismo crítico e dos Estudos Culturais são as que mais se aproximam de meu posicionamento político e de minha visão de mundo. As produções advindas das teorizações desses campos contribuíram para que Neira e Nunes (2006, 2009a, 2009b) e Neira (2007, 2008) elaborassem uma proposta para a área de Educação Física sob um enfoque cultural.

Convidados para participar do processo de construção das orientações curriculares da Secretaria Municipal de Educação de São Paulo (SME/SP), esses autores, influenciados pelos Estudos Culturais e pelo multiculturalismo crítico, elaboraram o projeto de Educação Física em uma concepção cultural. A escolha pela rede municipal de ensino de São Paulo como lócus da presente pesquisa se dá nesse contexto, pois acreditamos que essa proposta curricular de Educação Física configura-se na possibilidade real dos/as professores/as intelectuais transformadores/as (GIROUX, 1992) desenvolverem sua prática comprometida com a luta por um mundo mais justo e solidário.

Alves-Mazzotti (2004, p. 159) sinaliza que a significância de um estudo pode ser demonstrada indicando sua contribuição para a construção do conhecimento e sua utilidade para a prática profissional e para a formulação de políticas. A presente pesquisa se justifica na esfera desses três domínios.

De acordo com Moreira (2000), predominantemente têm sido estudadas as reformulações curriculares oficiais que se realizam sob a ótica neoliberal. Para o autor, as propostas curriculares que procuram caminhar em direção contrária ao discurso hegemônico ainda têm sido pouco focalizadas no Brasil. Em um tempo no qual cresce vertiginosamente o debate em torno das respostas educativas frente à diversidade cultural, torna-se necessário investigar propostas curriculares e práticas docentes comprometidas com esse propósito.

A nosso ver, a proposta curricular de Educação Física, elaborada pela SME/SP, apresenta uma concepção inovadora para a área de conhecimento, diferenciando-se de outras reformulações curriculares governamentais construídas até o presente momento[1]. Por acreditarmos que essa proposta constitui-se uma alternativa à visão conservadora da área de conhecimento, consideramos que investigá-la pode contribuir para o avanço do conhecimento do currículo, a partir de novas análises e perspectivas.

Convictos de que o ideal democrático de ensino deve impregnar as escolas públicas, Apple e Beane (2001) descrevem, no livro "Escolas Democráticas", práticas criativas e bem-sucedidas reali-

---

[1] Pesquisa desenvolvida no ano de 2011.

zadas em quatro escolas norte-americanas. Os autores defendem a criação de espaços onde se contem as experiências de práticas inovadoras que obtiveram êxito, de forma a contribuir para combater o desespero que muitos/as educadores/as sentem ao se defrontarem com as dificuldades cotidianas de fazer bem o seu trabalho nesses tempos incertos (p. 156, 157). Consideramos que esta pesquisa pode, de alguma maneira, oferecer caminhos para que outros/as professores/as se interessem pela teorização crítica que se posiciona abertamente a favor da luta por um mundo melhor, em vez de proclamar uma noção positivista de neutralidade (GIROUX, 1983). Ademais, este estudo pode ser importante para que os/as professores/as entrevistados/as, ao se depararem com a teorização articulada em torno de seus discursos, possam rever suas práticas pedagógicas e organizar novas estratégias de resistência frente à cultura escolar dominante.

Por último, esta pesquisa enfatiza que qualquer processo de reorientação curricular, como o modelo aplicado na Secretaria Municipal de São Paulo, necessita de pesquisas desta natureza, que possam apresentar dados subsidiários à avaliação da política educacional adotada, à formulação de novas políticas educacionais, à construção de novas estratégias de formação profissional e ao investimento em recursos materiais.

No livro "Pedagogia do Oprimido", em suas primeiras palavras, Freire (2005) explicita que seu trabalho poderia não agradar a todos/as os/as leitores/as. Segundo o autor, isso poderia acontecer pelo fato de uns considerarem sua posição idealista demais e outros por não quererem ou não poderem aceitar as críticas e a denúncia que faz da situação opressora. Deixo claro, portanto, que este trabalho é direcionado para educadores/as radicais, inconformados/as com as injustiças produzidas por um sistema econômico cruel e impiedoso.

1.3 Objetivos e problema da pesquisa

No ano de 2007, a SME/SP apresentou o documento "Orientações Curriculares e Proposição de Expectativas de Aprendizagem para o Ensino Fundamental" como parte do Programa de Orientação Curricular do Ensino Fundamental, com o propósito de orientar a organização e o desenvolvimento curricular das escolas da rede municipal.

O Secretário Municipal de Educação desse período, Alexandre Alves Schneider, menciona:

> O programa tem como objetivos principais contribuir para a reflexão e discussão sobre o que os estudantes precisam aprender, relativamente a cada uma das áreas de conhecimento, e subsidiar as escolas para o processo de seleção e organização de conteúdos ao longo do Ensino Fundamental. (SME/DOT, 2007).

Esse documento foi organizado por especialistas de diferentes áreas do conhecimento e coordenado pela Diretoria de Orientação Técnica (DOT). O documento relacionado à Educação Física teve Marcos G. Neira e Mário L. F. Nunes como elaboradores. A escolha desses profissionais possibilitou a produção de um material que concebe a Educação Física sob uma perspectiva cultural. O texto apresenta grande influência dos campos teóricos dos Estudos Culturais e do multiculturalismo crítico.

O currículo de Educação Física, sob o enfoque cultural, pretende criar espaços para que os grupos subordinados conheçam a história de sua opressão e pretende, também, potencializar a voz das culturas que historicamente foram silenciadas, a partir de estratégias que combatam os preconceitos de todas as ordens. Dessa forma, as aulas do componente curricular, nessa perspectiva, necessitam contemplar as aprendizagens necessárias para a compreensão histórico-político-social sobre toda a produção em torno das manifestações da cultura corporal. Essa perspectiva cultural da Educação Física é explicitada no documento que orienta a proposta curricular:

> Numa visão de educação que compreende a escola como espaço determinado socialmente para a produção, reconstrução e ampliação cultural, caberá à Educação Física escolar proporcionar aos alunos, dos diferentes anos do Ensino Fundamental, experiências pedagógicas que viabilizem tanto a prática das manifestações corporais presentes no universo cultural próximo e afastado dos alunos, quanto à reflexão crítica acerca das diversas formas de representação cultural veiculadas pelas brincadeiras, lutas, esportes, ginásticas e danças, e oferecer, a cada aluno, a oportunidade de posicionar-se enquanto produtor de cultura corporal. (SME/DOT, 2007, p. 36).

Entende-se que o documento "Orientações Curriculares e Proposições de Expectativas de Aprendizagem" para o Ensino Fundamental – ciclo II de Educação Física, produzido pela SME/SP no ano de 2007, apresenta uma concepção nova de currículo para a área. Assim, surge o seguinte questionamento: Quais as fronteiras a serem cruzadas e as potencialidades pedagógicas do currículo de Educação Física sob o enfoque cultural nas Escolas Municipais de São Paulo, sob a ótica dos/as professores/as que trabalham pautados/as nesse referencial teórico?

Diante desse problema, o objetivo deste estudo é investigar as percepções dos professores e professoras de Educação Física da rede municipal de São Paulo acerca das dificuldades e possibilidades no desenvolvimento de aulas fundamentadas na perspectiva multicultural crítica e nas análises produzidas pelo campo teórico dos Estudos Culturais.

2. Metodologia adotada

Para atender o objetivo desta pesquisa, foi utilizada uma investigação qualitativa, na qual os seguintes procedimentos metodológicos foram adotados: pesquisa bibliográfica, análise de documentos (das "Orientações Curriculares", propostas pela SME/SP) e trabalho de campo com entrevistas semiestruturadas com os elaboradores da proposta curricular e com os/as professores/as de Educação Física da Rede Municipal de São Paulo.

A abordagem qualitativa parte do fundamento de que há uma relação dinâmica entre o mundo real e o sujeito, uma interdependência entre o sujeito e o objeto, um vínculo indissociável entre o mundo objetivo e a subjetividade do sujeito. O conhecimento não se reduz a um rol de dados isolados, conectados por uma teoria explicativa; o sujeito observador é parte integrante do processo de conhecimento e interpreta os fenômenos, atribuindo-lhes um significado. (CHIZZOTTI, 2003, p. 79).

A opção pela investigação qualitativa permite estabelecer uma compreensão mais esclarecedora da temática abordada, no sentido de desvelar as fronteiras que precisam ser atravessadas e as potencialidades pedagógicas das aulas de Educação Física, pautadas na perspectiva cultural nas Escolas Municipais de São Paulo. As características indicadas por Bogdan e Biklen (1994), para a pesquisa qualitativa, serviram de base para este estudo:

a. A pesquisa qualitativa tem, como fonte direta de dados, o ambiente natural, e tem, ainda, o pesquisador como instrumento-chave.
b. Os dados coletados são, em sua maioria, descritivos.
c. Os pesquisadores qualitativos preocupam-se com o processo e não apenas com os resultados e o produto.
d. Os pesquisadores qualitativos tendem a analisar os dados de forma indutiva.
e. O significado que as pessoas dão às coisas e à vida é uma questão fundamental na abordagem qualitativa.

Para fundamentar teoricamente a análise e a interpretação do problema que se propõe, aqui, a investigar, foi realizada uma pesquisa bibliográfica dos trabalhos que se referem ao campo curricular, com foco nas produções advindas do multiculturalismo crítico e dos Estudos Culturais. Essas leituras possibilitaram maior compreensão da temática a ser estudada, servindo de alicerce para a formulação da teorização.

O objetivo deste trabalho é investigar as percepções dos/as docentes acerca das dificuldades e possibilidades no desenvolvimento de aulas fundamentadas na perspectiva multicultural crítica e nas análises produzidas pelos Estudos Culturais. Por isso, optou-se por realizar a análise da proposta curricular da SME/SP, para a área de Educação Física, com o propósito de identificar a concepção defendida pela Rede Municipal de São Paulo e sua possível articulação com os campos teóricos que sustentam a presente pesquisa.

Segundo Lüdke e André (1986), a análise de documentos pode se constituir em uma técnica valiosa de abordagem de dados qualitativos, na qual podem ser retiradas evidências que fundamentem determinadas afirmações e declarações do pesquisador. Ela pode ser usada tanto como uma técnica exploratória (indicando aspectos a serem focalizados por outras técnicas), como para "checagem" ou complementação dos dados obtidos por meio de outras técnicas (ALVES-MAZZOTTI, 2004, p. 169).

Dessa forma, analisei o documento "Orientações Curriculares e Proposição de Expectativas de Aprendizagem para o Ensino Fundamental – ciclo II" para a área de Educação Física da SME/SP para subsidiar as questões propostas nas entrevistas com os/as professores/as e, consequentemente, auxiliar na interpretação dos dados levantados. A análise de documentos nesta pesquisa exerce, portanto, uma função complementar ao objeto de estudo, já que o foco está direcionado para os/as professores/as de Educação Física investigados/as por meio das entrevistas.

Primeiramente, realizou-se uma entrevista individual com cada elaborador desse documento com o intuito de conhecer melhor o contexto em que a proposta curricular foi construída e como esses dois profissionais enxergam o processo de implementação nas escolas. Além disso, havia o interesse de que, se possível, os elaboradores indicassem aqueles/as docentes que, segundo eles, adotam uma ação educativa ancorados/as nos pressupostos da teorização multicultural crítica e nas análises oriundas do campo dos Estudos Culturais.

Para Laville e Dionne (1999), a técnica da entrevista oferece maior amplitude do que o questionário, quanto à sua organização. Para os autores, esse método permite ao entrevistador explicitar algumas questões no curso da entrevista e reformulá-las para atender às necessidades do entrevistado. Para atingir as finalidades deste estudo, foram realizadas entrevistas semiestruturadas. Essa técnica foi privilegiada por comprovar, como Triviños (1995), que ela valoriza a presença do/a investigador/a e oferece todas as possibilidades para que o/a entrevistado/a alcance a liberdade e a espontaneidade necessárias, enriquecendo a investigação.

Quivy e Van Campenhoudt (1998, p. 192) destacam que nessa técnica, o/a investigador/a dispõe de uma série de "perguntas--guia", relativamente abertas, a propósito das quais é imperativo receber uma informação da parte do/a entrevistado/a. Durante a entrevista, o/a entrevistador/a não coloca, necessariamente, todas as perguntas pela ordem em que as anotou e sob a formulação prevista. Na entrevista semiestruturada, o/a entrevistador/a estimula o/a entrevistado/a o quanto possível para que este/a possa falar abertamente, com as palavras que desejar e pela ordem que lhe convier. É papel do/a entrevistador/a reencaminhar a entrevista para os objetivos cada vez que o/a entrevistado/a deles se afastar. Caso seja necessário, o/a investigador/a pode acrescentar outras perguntas, para esclarecimentos (LAVILLE; DIONNE, 1999).

Nas entrevistas realizadas individualmente com cada elaborador do documento "Orientações Curriculares de Educação Física" da SME/SP, explicitou-se, previamente, os objetivos da pesquisa e solicitou-se a autorização para que a entrevista pudesse ser gravada, o que foi atendido prontamente. Triviños (1995) recomenda a gravação da entrevista, pois ela permite contar com todo o material fornecido pelo/a informante.

As seguintes "perguntas-guia" nortearam o curso da entrevista:

a. Como se deu o processo de elaboração das orientações curriculares?

b. Houve apoio/respaldo da SME/SP para a elaboração das orientações curriculares?

c. Houve resistência da SME/SP para a elaboração das orientações curriculares? De quem?

d. Qual foi a reação dos/as professores/as de Educação Física à elaboração da proposta da SME/SP?

e. De que forma ocorreu a implementação das orientações curriculares nas escolas da Rede Municipal de São Paulo?

f. Existe um projeto de formação continuada dos/as professores/as, organizado pela SME/SP para a discussão e aplicação da proposta?

g. Houve avanços no cotidiano das aulas de Educação Física a partir das orientações curriculares elaboradas pela SME/SP?

h. Quais os limites e dificuldades do currículo multicultural crítico da Educação Física nas Escolas Municipais de São Paulo?

Com foco no objetivo deste trabalho, foi preciso encontrar os/as professores/as que pudessem fazer parte da investigação. A escolha dos sujeitos pesquisados não se deu de forma aleatória. Foi preciso identificar quais eram esses/as docentes que, a partir das entrevistas, ofereceriam os dados e informações pertinentes ao objeto deste estudo. Como ter conhecimento de que as aulas de Educação Física, lecionadas por esses/as docentes, pautavam-se no enfoque cultural? Qual caminho percorrer para encontrar esses profissionais? Uma estratégia deveria ser articulada a fim de minimizar o risco de entrevistar professores/as que se afastavam do objetivo da pesquisa.

Solicitou-se, então, a um dos elaboradores, dicas ou sugestões de professores e professoras que pudessem fazer parte desta pesquisa. Para tanto, o grupo de docentes a ser investigado precisaria se encaixar nos seguintes critérios:

a. Pertencer à Rede Municipal de Ensino de São Paulo e atuar como professor ou professora de Educação Física;

b. Desenvolver a prática pedagógica de acordo com as orientações curriculares da SME/SP;

c. Fundamentar a prática pedagógica no multiculturalismo crítico e nas análises produzidas pelo campo dos Estudos Culturais.

Foi recebido, então, o convite para participar do III Seminário de Metodologia do Ensino de Educação Física, organizado pelo Grupo de Pesquisas em Educação Física Escolar da FEUSP (Faculdade de Educação da Universidade de São Paulo). Nesse grupo de pesquisas, formado em 2004, participam professores e professoras, que costumam se reunir quinzenalmente, para debater o ensino da Educação Física, propor encaminhamentos acerca da prática pedagógica e interpretar seus resultados à luz da teorização curricular e dos Estudos Culturais, colaborando, assim, com a produção científica da área. Com base nos trabalhos desenvolvidos pelo Grupo de Pesquisas, em 2009, foi publicado o livro "Praticando Estudos Culturais na Educação Física" que apresenta diversos relatos de experiências de docentes sob a perspectiva cultural. Durante o III Seminário de Metodologia do Ensino de Educação Física, ocorrido na Universidade de São Paulo, houve contato com alguns professores e professoras participantes do Grupo de Pesquisas da FEUSP. Estes/as docentes são autores/as de relatos de experiência que compõem o livro "Praticando Estudos Culturais na Educação Física" e atuam como professores/as do componente curricular na Rede Municipal de Ensino de São Paulo. Formava-se, dessa forma, o lócus desta pesquisa: o grupo de professores e professoras que adotavam os conceitos teóricos do multiculturalismo crítico e as contribuições dos Estudos Culturais como horizonte para desenvolverem sua prática pedagógica nas Escolas Municipais de São Paulo.

Para ouvir as representações, as experiências, as dificuldades e as perspectivas apontadas pelos/as educadores/as, foi organizada uma entrevista semiestruturada com cada um deles. Para Triviños (1995), as perguntas fundamentais que constituem a entrevista semiestruturada não nascem *a priori*. Elas são resultados não só da teoria que alimenta a ação do investigador, mas, também, de toda a informação recolhida por ele sobre o fenômeno social que é de interesse para o estudo (p. 146). Assim, as questões básicas propostas aos/às professores/as foram organizadas levando em conta o referencial teórico utilizado nesta pesquisa (multiculturalismo crítico e Estudos Culturais) e o documento "Orientações Curriculares" investigado.

Nas sessões com os/as professores/as, as seguintes questões foram formuladas:

a. Você considera a escola "X" uma escola multicultural? Por quê?

b. Você faz parte do Grupo Referência? Como funciona o trabalho desse grupo?

c. Qual sua opinião sobre as orientações curriculares fornecidas pela SME/SP? Você está inserido nessa proposta curricular?

d. Esse documento ajudou ou dificultou sua atuação como docente? Em que sentido?

e. Quais as principais dificuldades vivenciadas no cotidiano das aulas de Educação Física, organizadas sob a perspectiva cultural?

f. Em sua ótica de professor, como os estudantes reagem a essa proposta?

g. Como a comunidade escolar (direção, coordenação e familiares) enxerga as aulas de Educação Física vinculadas em uma perspectiva cultural? Existe algum tipo de resistência?

h. Em que medida você considera que o currículo de Educação Física, sob a perspectiva cultural, provoca alguma modificação na postura dos estudantes?

i. Um dos esforços da prática pedagógica da Educação Física, sob um enfoque cultural, é que esta contribua para a transformação social por meio da formação dos educandos para a participação ativa na vida pública. Você poderia relatar alguma prática que tenha alcançado ou se aproximado desse propósito?

O procedimento adotado para tratamento e interpretação das informações obtidas, tanto na análise do documento "Orientações Curriculares" da SME/SP, quanto nas entrevistas com os elaboradores e professores/as, levou em consideração o posicionamento de Marli André (1983). Em sua opinião, o problema mais agravante no uso de dados qualitativos parece ser a escassez de métodos apropriados de análise, fazendo com que o/a pesquisador/a não sinta confiança de que suas interpretações e afirmações são, de fato, uma representação aproximada da realidade e não um mero fruto de suas pré-concepções.

Nesse artigo, a autora questiona, inclusive, o uso da análise de conteúdo como método para análise de dados qualitativos. Segundo a autora, os fenômenos apresentam uma multiplicidade de perspectivas que interagem com um todo complexo, sendo necessário considerar essas múltiplas dimensões e sua interação para entender mais completamente os fenômenos. Ao propor o estudo do fenômeno por meio da decomposição em partes – as categorias – sugerindo que nestas se force o enquadramento de toda a informação, a análise de conteúdo corre o risco de demonstrar uma visão limitada da realidade.

Para Alves (1991), pesquisas qualitativas geram um enorme volume de dados que precisam ser organizados e compreendidos. Isso se faz por meio de um processo continuado, em que se procura identificar dimensões, categorias, tendências, padrões e relações, desvendando o significado destes. Segundo a autora, esse é um processo complexo, não linear, que implica em um trabalho de redução, organização e interpretação dos dados, que vai desde a fase exploratória até a análise final.

Em lugar de um sistema pré-especificado de categorias, André (1983) sugere que tópicos e temas sejam gerados a partir do exame dos dados e de sua contextualização no estudo. Esses tópicos e temas precisam ser frequentemente revistos, questionados e reformulados, na medida em que a análise se desenvolve.

Os múltiplos significados que se manifestaram na análise de documentos, nas entrevistas e nas conversas com os elaboradores da proposta curricular e nas entrevistas com os/as professores/as, realizadas no decorrer do processo, serviram para que fosse adotado, neste estudo, o seguinte esquema para o tratamento dos dados obtidos:

a. Na análise do documento "Orientações Curriculares e Proposição de Expectativas de Aprendizagem para o Ensino Fundamental – ciclo II" para a área de Educação Física da SME/SP, levou-se em consideração aspectos apontados pelos elaboradores da proposta nas entrevistas, principalmente em relação à trajetória de construção do documento e estrutura do mesmo;

b. Uma síntese foi elaborada, na qual trechos do documento (da concepção defendida, dos objetivos propostos, das expectativas de aprendizagem, das orientações didáticas) foram confrontados com a literatura relacionada aos campos teóricos do multiculturalismo crítico e dos Estudos Culturais;

c. As questões levantadas nas entrevistas com os elaboradores e com os/as professores/as foram organizadas somente após a aproximação com o documento "Orientações Curriculares". Para a obtenção dos dados, foi marcada uma entrevista individual com os sujeitos investigados. Previamente, foi explicado, a cada um deles, os objetivos da investigação, e que receberiam um *feedback* após o término da pesquisa;

d. Com o auxílio de um computador foram transcritas todas as entrevistas gravadas, estando os pesquisadores cientes de que o processo de transcrição é também um momento de análise, quando realizado pelo próprio investigador (SZYMANSKI et al., 2004, p. 74). Esse processo permitiu reviver a cena da entrevista e refletir sobre alguns aspectos apontados pelos sujeitos pesquisados;

e. As entrevistas com os elaboradores da proposta, devido à especificidade do problema de investigação, exerceram função secundária na pesquisa. Essas entrevistas ajudaram a compreender o contexto de produção da proposta curricular e a política educacional da SME/SP;

f. Inicialmente, procurou-se fazer a leitura compreensiva de todas as transcrições das entrevistas com os/as professores/as, de forma exaustiva (GOMES, 2008). Com foco no problema de pesquisa, foram definidas duas categorias preliminares de codificação: fronteiras (dificuldades encontradas nas falas dos sujeitos) e potencialidades pedagógicas (pontos positivos encontrados nas falas dos/as professores/as);

g. Houve uma segunda leitura das transcrições, atribuindo abreviaturas (números) das categorias de codificação às unidades de dados. Entende-se, por unidades de dados, frases, parágrafos ou trechos das transcrições (BOGDAN; BIKLEN, 1994);

h. Foram organizados dois arquivos: um contendo as transcrições das entrevistas referentes à categoria "fronteiras" e outro referente à categoria "potencialidades pedagógicas";

i. A partir da leitura dos dois arquivos, a abordagem dos dados qualitativos foi orientada por questões do tipo: "O que esses dados querem dizer? Quais suas mensagens?" (ANDRÉ, 1983). A partir dessa análise, novos temas emergiram dentro de cada categoria de codificação. O tema, segundo Bardin (1977, p. 105), é a unidade de significação que se liberta naturalmente de um texto analisado, segundo critérios relativos à teoria que serve de guia à leitura;

j. No arquivo relacionado às "fronteiras", a análise foi organizada a partir dos seguintes temas: aceitação dos/as estudantes; identificação do/a professor/a com a proposta; resistência de outros/as profissionais; ausência de um projeto multicultural coletivo; estrutura escolar; Política Educacional da SME/SP; Política de Formação da SME/SP;

k. No arquivo relacionado às "potencialidades pedagógicas", a análise partiu dos seguintes temas: valorização do componente curricular; postura dos/as estudantes; estratégias de resistência;

articulação com professores/as colaboradores/as; relação com as famílias/comunidade; combate às relações opressoras.

Para a interpretação dos dados, foram organizados os trechos das entrevistas nas categorias estabelecidas *a priori* ("fronteiras" e "potencialidades pedagógicas"), e foram confrontados os temas acima relacionados com as produções advindas de pesquisadores da área de currículo (que se ancoraram nas teorias críticas e/ ou pós-críticas) e de autores/as que discutem o campo teórico do multiculturalismo crítico e dos Estudos Culturais. Por vezes, alguns trechos das entrevistas com os elaboradores da proposta curricular e fragmentos do próprio documento "Orientações Curriculares" foram utilizados para auxiliar na interpretação dos dados. Foi elaborada, então, uma síntese interpretativa por intermédio de uma redação que pudesse dialogar temas com objetivos, questões e pressupostos da pesquisa (GOMES, 2008, p. 93).

3. Fundamentação teórica

3.1 Multiculturalismo e educação física

Buscando uma aproximação com o objetivo desta pesquisa, será apresentada, inicialmente, uma discussão em torno do multiculturalismo e as diferentes perspectivas em que ele aparece no âmbito educacional. Em seguida, interpretar-se-á, à luz da teorização curricular, de que maneira as diferentes propostas curriculares da Educação Física lidam com as questões multiculturais. Essa organização pretende, além de discernir as diferentes posições acerca do multiculturalismo, apontar e justificar a opção do autor deste trabalho por um currículo multicultural crítico da Educação Física, que valorize a diferença e defenda, acima de tudo, a necessidade de incorporar práticas pedagógicas comprometidas com a luta contra qualquer forma de discriminação, desafiando o modelo socioeconômico vigente, pautado na lógica do individualismo e do sofrimento do outro.

Nos últimos anos, o multiculturalismo vem adquirindo cada vez mais espaço nos debates educacionais, no âmbito nacional e internacional. Na América Latina e, particularmente, no Brasil, a questão multicultural apresenta uma configuração própria (CANDAU, 2002). A história do continente americano é marcada tragicamente pelas conquistas europeias, nas quais grupos indígenas e afrodescendentes foram explorados e massacrados impiedosamente. Grande parte das gerações que sucederam os grupos sobreviventes desse genocídio ocupa hoje uma posição de desvantagem econômica na sociedade, tendo que lutar constantemente pela afirmação de suas identidades.

Dos movimentos e lutas dos grupos sociais discriminados e excluídos de uma cidadania plena nasce o multiculturalismo. Para Candau, sua incorporação no âmbito acadêmico veio somente em um segundo momento. Desse modo, a inserção do debate em torno das questões multiculturais no interior das universidades deve, segundo a autora, dialogar intensamente com esses grupos sociais, assumindo um compromisso de militância. Kincheloe e Steinberg (1999) relacionam o emprego do termo multiculturalismo aos seguintes temas: raça, classe econômica, gênero, linguagem, cultura, orientação sexual ou incapacidade.

Para Moreira (2001), as sociedades contemporâneas são inegavelmente multiculturais. O multiculturalismo, segundo o autor, representa uma condição inescapável do mundo ocidental, à qual se pode responder de diferentes formas, mas não se pode ignorar. Multiculturalismo refere-se à natureza dessa resposta. Educação multicultural, consequentemente, refere-se à resposta que se dá, a essa condição, em ambientes educacionais.

Ao comentar a tendência para a educação multicultural, Apple (2006) demonstra cautela e preocupação. O autor elogia as conquistas do multiculturalismo no meio educacional, porém, chama a atenção para o fato de que os grupos dominantes colocam, nas escolas e no currículo, as formas mais conservadoras do multiculturalismo. Dessa maneira, a contribuição dos afro-americanos, dos latinos e/ou das mulheres aparece, nos livros-texto, em seções separadas, como meros acréscimos referentes à cultura e à história "do outro" (p. 247). Apple afirma preferir que não existisse apenas uma educação multicultural, mas uma educação especificamente antirracista.

A visão de Apple faz sentido, principalmente se for considerado que o multiculturalismo tem se tornado "moda", discutido e revisitado, em grande parte, nos debates atuais (CANEN; OLIVEIRA, 2002), abarcando posturas epistemológicas diversas e, muitas vezes, conflitantes. Para Gimeno Sacristán (2003), a opção de construir um currículo multicultural em um sistema de ensino depende de uma decisão política e social prévia.

O que esses/as teóricos/as enfatizam é a necessidade de ir além da política da diversidade. O multiculturalismo, na missão de lidar com o múltiplo e a diversidade, tem sido incorporado em currículos e práticas pedagógicas, servindo a diferentes interesses.

3.1.1 Perspectivas de multiculturalismo e as propostas curriculares da educação física

Com o intuito de discernir as múltiplas formas pelas quais o multiculturalismo é abordado, McLaren (2000b) descreve um conjunto de quatro posições ou tendências do multiculturalismo: conservador, humanista e liberal, liberal de esquerda e crítico. Precavendo-se em não reduzir a complexidade do assunto em questão, McLaren adverte que as características de cada posição tendem a se misturar e que essa tipologia é apenas uma tentativa de esquema teórico para melhor compreender as maneiras pelas quais a diferença é construída.

Kincheloe e Steinberg (1999), influenciados pela classificação proposta por Peter McLaren, reconhecem cinco tipos de multiculturalismo: conservador ou monoculturalismo, liberal, pluralista, essencialista de esquerda e teórico.

Apresentar-se-á, a seguir, os diferentes posicionamentos multiculturais, analisando, à luz da teorização curricular, de que forma as propostas curriculares que constituem a área da Educação Física respondem à diversidade cultural, com o propósito de fornecer elementos para justificar a opção por um currículo multicultural crítico da área de conhecimento. É importante destacar a consciência de que, na realidade do mundo atual, essas visões tendem a se mesclar e se confundir, raramente se manifestando sob uma vertente apenas.

Multiculturalismo conservador:
O multiculturalismo conservador ou o monoculturalismo, antes de tudo, consiste em admitir a existência de outras culturas apenas como inferiores (SANTOS, 2003). Os/as multiculturalistas conservadores/as acusam as minorias malsucedidas de terem "bagagens culturais inferiores" e "carência de fortes valores de orientação familiar" (MCLAREN, 2000b, p. 113). Segundo Kincheloe e Steinberg (1999), os grupos conservadores acreditam que aqueles/as que não se encontram nos padrões de uma classe

média alta, branca e machista, são culpados/as por seu próprio desfavor. Mediante essa mentalidade colonialista, os/as africanos/as e os povos indígenas têm sido classificados como espécies humanas de classe inferior, desprovidas dos direitos e dos privilégios da classe superior.

Diante dessa postura, os valores familiares ideais adquirem natureza racial e classista, servindo para justificar a opressão dos grupos marginalizados. Para os autores, um aspecto essencial do monoculturalismo consiste na possibilidade de assimilar, a todas as pessoas, que estas sejam capazes de adaptar-se ao modelo branco, masculino, heterossexual e ocidental. Nessa posição, a cultura eurocêntrica branca nunca é étnica; étnicos são os que não são brancos (SANTOS, 2003).

Os/as multiculturalistas de visão conservadora costumam omitir os fatores sociais, como a realidade da pobreza, do racismo, do sexismo, entre outros, que interferem no processo educativo. Nesse modelo de educação monoculturalista, os problemas estão centrados no/a estudante. De acordo com Kincheloe e Steinberg (1999), ao estabelecer uma cultura comum a ser seguida por todos/as em uma política assimilacionista, os/as multiculturalistas conservadores/as provocam a cumplicidade dos/as estudantes marginalizados/as, que devem renunciar o seu patrimônio cultural em troca da oportunidade de conseguirem uma melhora socioeconômica.

McLaren (2000b) rejeita o multiculturalismo conservador por várias razões, entre elas: a recusa em tratar a branquidade como uma forma de etnicidade, situando-a como uma norma invisível; sua política de assimilacionismo, pelo qual os grupos étnicos são reduzidos a "acréscimos" à cultura dominante; a posição de que o inglês deveria ser a única língua oficial; a definição de padrões de desempenho para toda a juventude, tomando como base o capital cultural da classe média e o seu não questionamento ao conhecimento da elite econômica. Para Santos (2003), é um multiculturalismo que, mesmo quando reconhece outras culturas, assenta-se sempre na incidência, na prioridade a uma língua normalizada, estandardizada, que é a língua oficial. Nessa perspectiva, a escola não se interessa em legitimar as práticas culturais dos grupos minoritários. Sua intenção é que esses grupos insiram-se no currículo da cultura dominante.

Dentre as propostas curriculares da Educação Física, pode-se inferir que o currículo ginástico e o currículo técnico-esportivo adotam uma posição conservadora ou assimilacionista frente à diversidade cultural. Segundo Neira (2007), as duas propostas defendem que os alunos e alunas se apropriem de conteúdos universais prioritariamente eleitos. O currículo ginástico baseava-se nos métodos consagrados pelas escolas europeias, enquanto no currículo técnico-esportivo, as modalidades esportivas europeias (Futebol e Handebol) e as estadunidenses (Basquetebol e Voleibol) impõem-se como modelo universal.

Para Nunes e Rúbio (2008), o currículo ginástico, com fins profiláticos e corretivos, colaborava para disseminar os modos de ser das elites dirigentes para as demais classes sociais e construir identidades saudáveis no seio de uma sociedade saudável. Segundo os autores, muitos dos/as jovens que frequentavam a escola eram de origem rural. Era preciso, a partir do modelo ginástico, preparar esses/as jovens para assumir os principais postos da sociedade; e, para isso, a futura classe dirigente deveria trocar seu corpo, tido como rude, de maus hábitos e preguiçoso, por padrões europeus de retidão de corpo, afirmando certo ar de requinte, elegância e aspecto saudável.

Em contrapartida, o currículo técnico-esportivo, ainda dominante em muitas aulas de Educação Física nos dias atuais, caracteriza-se pelo ensino dos quatro esportes (Futebol, Handebol, Voleibol e Basquetebol) a todos os/as estudantes, independentemente do patrimônio cultural que carregam consigo. Os/as defensores/as desse currículo monocultural desprivilegiam e rejeitam a inserção de outras manifestações da cultura corporal nas aulas de Educação Física. Não conseguem enxergar importância alguma nas danças, lutas, ginásticas ou em outros esportes diferentes do modelo euro--americano.

Ao selecionar somente as práticas esportivas e as de ginástica legitimadas pelos grupos dominantes, o professor de Educação Física, costumeiramente, se depara com atos de resistência e sabotagem por grande parte dos/as alunos/as, que obrigados/as a participar de atividades distantes de sua realidade concreta, rejeitam e inventam os mais diversos motivos para escapar das aulas. Quando expõem sua cultura de rua, como o *hip-hop*, o *rap*, o *funk*, o *skate*, o *le parkour*, os jogos de cartas etc., os alunos e alunas das classes populares são motivos de chacota por parte do/a professor/a de

Educação Física e demais membros do corpo docente e direção, que recriminam e até proíbem sua prática, inclusive no intervalo das aulas.

Em uma política assimilacionista, os/as professores/as conservadores/as tentam convencer os alunos e alunas a se enquadrarem no modelo padrão (ocidental, branco, masculino) dos esportes tradicionais e das práticas de ginástica que prevalecem na mídia. Os/as estudantes que sabem muito bem "virar cambalhota", "plantar bananeira" ou fazer "estrelinhas" na rua, na aula de Educação Física monocultural, são obrigados/as a aprender o gesto técnico do "rolamento", da "parada de mãos" ou do "rodante", movimentos típicos da ginástica artística. Da mesma forma, as crianças e jovens acostumados/as às regras do Futebol de rua, em que não existe tiro de lateral e na saída de jogo vale chutar a bola para qualquer lado do campo, são "forçados/as", na aula de Educação Física, a respeitarem as regras oficiais do esporte. Os/as praticantes de *streetball* devem deixar de lado a irreverência e os malabarismos para aprenderem os gestos técnicos do Basquetebol.

Nessa visão conservadora de multiculturalismo, não há menção de como tal conhecimento é selecionado, que interesses representa e porque os/as estudantes devem estar empenhados/as em aprendê-lo (GIROUX, 1992). Cobertos pelo manto da neutralidade, o currículo ginástico e o currículo técnico-esportivo reduzem o conhecimento ao domínio de técnicas previamente definidas pelo/a professor/a, não se preocupando, em momento algum, com a legitimação das práticas corporais provenientes da cultura subordinada ou com a contextualização das manifestações da cultura corporal em uma sociedade mais ampla (clubes, parques, jornais, revistas, televisão, rádio etc.).

Multiculturalismo liberal:
O multiculturalismo liberal está atrelado à ideia de que existe uma igualdade natural entre as pessoas brancas, afro-americanas, latinas, asiáticas e outras populações raciais (MCLAREN, 2000b, p. 119). Existe, para os/as multiculturalistas liberais, uma uniformidade intelectual que permite a diferentes pessoas, dentro de uma economia capitalista, competir em igualdade de condições na aquisição de recursos. Conforme essa visão, as restrições econômicas e socioculturais existentes podem ser modificadas, alcançando-se uma igualdade relativa entre as pessoas.

Kincheloe e Steinberg (1999) entendem que, ao defender a neutralidade e a universalidade, em uma linguagem que transpira democracia e ética, os/as multiculturalistas de visão liberal omitem as forças que colocam em perigo os objetivos democráticos. Os/as analistas e educadores/as de visão liberal não compreendem que os grupos detentores do poder exercem enorme influência na formação da consciência e identidade individuais. Para os autores, as complexas relações de poder e de sofrimento humanos se perdem em meio à proclamação do individualismo e da cidadania. Nesse disfarce ideológico, as questões de democracia ligadas à etnia, à classe social e ao gênero são vistas desprendidas da história. Um modelo educativo, sob a ótica liberal, não se preocupa em explicar e denunciar as injustiças socioeconômicas do sistema capitalista.

Giroux (2003) critica essa visão, pois, ao celebrar a lógica de mercado, o neoliberalismo opta por pedagogias que confirmem o indivíduo autônomo (em vez de fortalecer grupos sociais) e celebra a escolha individual em detrimento da pluralidade e da participação (p. 21). O multiculturalismo liberal, ao proclamar a igualdade de oportunidades, desconsidera o fato de que o poder se distribui de forma desigual na sociedade. Além disso, conforme o enfoque liberal, há pouca ou nenhuma preocupação com as maneiras pelas quais as instituições e grupos poderosos influenciam o conhecimento, as relações sociais e os modos de avaliação que caracterizam a textura ideológica da vida escolar (GIROUX, 1983, p. 81).

Do mesmo modo que os/as conservadores, os/as multiculturalistas de viés liberal insistem em centralizar a culpa pelo fracasso escolar no/a estudante. As oportunidades são oferecidas de maneira igual para todos/as; se o/a estudante não obteve êxito, é por conta de sua falta de "esforço", ou talvez por "dificuldades de aprendizagem".

A visão multicultural liberal é identificada por Neira (2007) em currículos psicomotores, desenvolvimentistas e saudáveis da Educação Física. Nessas três propostas curriculares, pode-se encontrar a proclamação da igualdade de oportunidades, discurso característico do multiculturalismo liberal. Nessa vertente, existe a preocupação da oferta do mesmo ensino para todos/as. Neira (2008) considera que esse discurso da igualdade está focado em um sentido de uniformização e jamais em uma igualdade no sentido crítico, no real significado da palavra. Como os conhecimentos veiculados por esses três currículos privilegiam a cultura hegemônica, os/as estudantes da classe média e alta encontram melhores condições de sucesso em relação aos alunos/as oriundos/as dos grupos minoritários, mesmo que eles tenham acesso ao mesmo ensino.

Nunes e Rúbio (2008) classificam a psicomotricidade e a proposta desenvolvimentista como "currículo globalizante", pois ambas pretendem, por meio do movimento, contribuir para o desenvolvimento fisiológico, motor, cognitivo e afetivo-social do/a estudante. Os autores entendem que o currículo globalizante, ao enfatizar os aspectos do desenvolvimento psicológico ou motor, esconde as condições que colaboram para que os alunos e alunas cheguem à escola com déficit de partida para a aprendizagem. O/a professor/a de Educação Física que toma como referência os pressupostos do multiculturalismo liberal mostra-se indiferente à heterogeneidade, inferindo que todos/as os/as alunos/as são idênticos/as, com saberes e necessidades semelhantes.

No currículo globalizante existe a crença de que todos os alunos e alunas são capazes de executarem os exercícios propostos. Os métodos de avaliação, padronizados e legitimados pela ciência ocidental, são utilizados com todos os/as estudantes para identificar os níveis de desenvolvimento cognitivo, afetivo, social e psicomotor dos alunos/as (NEIRA, 2007). Identificados os níveis de aptidão dos/as estudantes, cabe aos/às professores/as elaborarem um Plano de Ensino que estimule os/as alunos/as a alcançarem o patamar ideal.

Ainda em relação ao currículo globalizante, pode-se ainda mencionar as propostas de Educação Física que utilizam os princípios do construtivismo para fundamentar seus métodos pedagógicos. Os/as defensores/as do currículo construtivista da Educação Física estão cada vez mais interessados/as em descobrir novas estratégias didáticas para que os alunos e alunas aprendam melhor e mais rapidamente, e desenvolvam as competências consideradas primordiais para a sociedade capitalista. Nas propostas fundamentadas na teoria construtivista, são apresentados jogos e exercícios que, aplicados pelos/as professores/as de Educação Física, podem ajudar a desenvolver as competências necessárias para o domínio da leitura, da escrita ou das operações matemáticas. Perdendo sua especificidade, a Educação Física é colocada como suporte, ficando à mercê de outras disciplinas.

Uma das premissas que sustenta a teoria construtivista é o levantamento dos conhecimentos prévios dos alunos e alunas frente aos conceitos que serão estudados, a fim de que ocorra uma aprendizagem significativa. Para Gimeno Sacristán (2001) o princípio da epistemologia construtivista não dá atenção ao estranhamento cultural advindo do fato de que a cultura escolar costuma ter pouca conexão com a experiência vital dos/as estudantes, principalmente daqueles/as que se encontram socialmente em desvantagem. Giroux (1992) também critica esse tipo de educação despolitizada, que omite as relações desiguais de poder e de campos de luta, e exclui, por exemplo, os conceitos de cultura dominante e cultura subordinada.

Seguindo os moldes do currículo globalizante, a intenção do currículo saudável é conscientizar todos os/as estudantes da importância da atividade física enquanto fator preponderante à melhoria da qualidade de vida. Os/as professores/as de Educação Física, comprometidos/as com a melhoria do nível de saúde do público escolar, pretendem, por meio do currículo saudável, transmitir os conceitos, procedimentos e atitudes necessários para a adoção de um estilo de vida mais ativo. Nunes e Rúbio (2008) lançam críticas a esse currículo, principalmente por ocultar e desprezar as condições sociais que promovem o estresse ou outras doenças decorrentes do ritmo de trabalho ou das más condições de vida. Os/as estudantes são estimulados/as, dessa forma, a se adaptarem aos padrões de referência dos grupos hegemônicos.

No currículo saudável, os/as estudantes das classes desfavorecidas em relação aos recursos materiais encontram sérias dificuldades em se adaptar ao modelo de saúde proclamado pela cultura dominante. Sem condições financeiras para frequentar uma academia, sem tempo disponível para a prática da atividade física e com padrões alimentares condizentes com seu padrão de vida, nessa proposta curricular os/as alunos/as aprendem hábitos saudáveis distantes de sua realidade. Quando o multiculturalismo liberal exalta um único modelo a ser seguido por todos os alunos e alunas, e nega a cultura enquanto território permeado de relações assimétricas de poder, infelizmente, apenas os grupos hegemônicos são contemplados.

A proposta dos Jogos Cooperativos (BROTTO, 2001) constitui também um bom exemplo da vertente multicultural liberal. Por meio de jogos que estimulam a cooperação entre os/as alunos/as e a rejeição de qualquer atitude que fomente a competitividade, as aulas de Educação Física se transformam em um espaço de convivência pacífica, nas quais todos/as são tratados/as de maneira igual. Os Jogos Cooperativos são utilizados como ferramenta para a formação de uma cultura de paz, promovendo a harmonia, a igualdade e o respeito dentro e entre grupos culturais diversos. Nessa perspectiva, legitima-se a ideia de que, a despeito das diferenças manifestas quanto à etnia (linguagem, valores e estilos de vida), há uma igualdade básica entre os diferentes grupos culturais que nega declaradamente o privilégio de qualquer um (GIROUX, 1992, p. 66). Ao mesmo tempo em que na aula de Educação Física o/a estudante aprende a cooperar com o/a outro/a para vencer, no jogo da vida ele/a enfrenta diferentes batalhas para afirmar sua cultura e brigar por seus direitos enquanto cidadão/ã, em uma sociedade desigual e injusta.

Multiculturalismo pluralista:

O multiculturalismo pluralista apresentado por Kincheloe e Steinberg (1999) compartilha muitos aspectos do multiculturalismo liberal. Ambas as vertentes operam como formas de regulação, tendem à descontextualização sociocultural das questões de raça e gênero e são incapazes de questionar a idiossincrasia branca e o modelo eurocêntrico. Entretanto, a grande diferença entre as duas tipologias reside no fato de que o pluralismo se baseia na diferença, enquanto o liberalismo defende a igualdade.

Segundo Kincheloe e Steinberg, o multiculturalismo pluralista se empenha na proclamação da diversidade humana e da igualdade de oportunidades. Os/as multiculturalistas de visão pluralista acreditam que, no mundo globalizado, a democracia abarca o interesse de todos/as os/as cidadãos/ãs, preocupando-se inclusive com a história e a cultura dos grupos tradicionalmente marginalizados.

O multiculturalismo pluralista indica, acima de tudo, a tolerância como virtude necessária na relação com os grupos de cultura exótica, de cultura diferente do modelo eleito como o universal, único e uniforme do sistema capitalista.

O currículo advindo da visão pluralista ressalta a diversidade cultural e abre espaços para o conhecimento, valores e crenças dos diferentes grupos culturais. Na educação diversificada, as produções culturais das mulheres, dos negros, dos índios, dos asiáticos etc., passam a fazer parte dos programas escolares. Desta forma, os/as alunos/as provenientes da cultura dominante podem conhecer os costumes das classes populares e, ao mesmo tempo, os/as alunos/as de origens culturalmente diferentes do modelo padrão aprendem a caminhar em meio à cultura principal; uma habilidade que, segundo os/as defensores/as do multiculturalismo pluralista, é essencial nos esforços para conseguir uma igualdade de oportunidades no campo econômico e educativo.

Com o intuito de ajudar as mulheres e os grupos minoritários a adquirirem igualdade de oportunidades, os/as professores/as multiculturalistas, de visão pluralista, geralmente propõem o resgate de suas tradições, de forma a alimentar o orgulho por suas diferenças culturais. Exemplos de pessoas de origem popular, que alcançaram êxito em suas profissões, são exaltados pelos/as professores/as pluralistas. Datas comemorativas costumam ser lembradas e exploradas por esses/as educadores/as, porém, sem a devida preocupação com a história de sofrimento e luta desses povos pela construção de suas identidades. Para Kincheloe e Steinberg, isentando-se da contextualização sociopolítica, muitas vezes, os/as pluralistas dão a entender que qualquer indivíduo pode alcançar êxito na vida, a partir do trabalho duro e dedicação própria.

Os autores identificam que, a partir da despolitização, o multiculturalismo pluralista, coberto por generosa dose de relativismo moral, inibe qualquer ação politicamente fundamentada pela construção da justiça social, contribuindo para a manutenção do *status quo*. Infelizmente, a maioria das propostas educacionais multiculturais fundamenta-se no multiculturalismo pluralista. Enquanto essas propostas glorificam a diversidade cultural e a igualdade de oportunidades, a disparidade entre pobres e ricos aumenta progressivamente e as condições econômicas dos/as negros/as de classe baixa são cada vez piores.

Os/as docentes de visão pluralista, ainda que com boas intenções, muitas vezes tentam incluir as produções culturais advindas dos grupos minoritários. Porém, de acordo com Torres Santomé (2008), o estudo dessas temáticas ocorre com grande superficialidade e banalidade, resultando em uma espécie de *currículo turístico*, ou seja, as realidades culturais são tratadas com uma perspectiva muito trivial, similar à maioria das pessoas que fazem turismo, que nas viagens ou passeios se preocupam em analisar exclusivamente aspectos como comidas típicas, folclore, vestimentas, rituais festivos, decorações de casas ou paisagem.

Ao estudar e/ou "visitar" a diferença cultural fora de um contexto histórico, cultural e de poder, os/as estudantes constroem visões estereotipadas da realidade dos povos distantes e diferentes de seu entorno. Eles podem acreditar, por exemplo, que na África existem somente povos que convivem em meio a animais selvagens, em situação de miséria. Podem, também, compreender os costumes orientais ou indígenas como exóticos, sempre a partir de sua posição branca, eurocêntrica. Devido ao processo de globalização, as duras realidades de subordinação de classe social, de etnia e de gênero, ou as formas de vida muitas vezes parecidas com a cultura ocidental, dificilmente são abordadas pelos/as docentes de visão pluralista. Muitos/as estudantes talvez estranhariam, caso tivessem a oportunidade de viajar para a África, encontrar cidades com prédios, pontes, viadutos, *shoppings centers*, McDonald's etc.

O multiculturalismo pluralista é identificado, por Neira (2007), conforme os Parâmetros Curriculares Nacionais (BRASIL, 1998) para a Educação Física. Os PCNs, segundo o autor, destacam a importância de atender a diversidade cultural e mencionam, como princípio, a inclusão de todos os alunos e alunas nas aulas e a valorização da cultura corporal dos variados grupos que compõem a sociedade brasileira (p. 79). A proposta dos PCNs se dedica a elogiar as diferenças e pregar a tolerância entre os grupos culturais, em um momento em que os assuntos que mais afetam aqueles que não se enquadram na norma dos homens, dos brancos e da classe média, são quase sempre a impotência, a violência e a pobreza (KINCHELOE; STEINBERG, 1999).

Procurando estimular a reflexão para a construção de novas formas de abordagem dos conteúdos, os PCNs apontam alguns temas de urgência para o Brasil todo (BRASIL, 1998). Esses temas (ética, saúde, pluralidade cultural, meio ambiente, orientação sexual, trabalho e consumo) devem ser trabalhados de forma transversal, com a intenção de ampliar o olhar sobre a prática cotidiana. O tratamento da pluralidade cultural enquanto tema transversal tem sido duramente questionado por Canen (2000), que manifesta receio de que a impregnação dessa proposta nas diferentes áreas de conhecimento possa ser tão tênue a ponto de se tornar invisível. A autora defende que, em sociedades cada vez mais multiculturais, a conscientização acerca da educação multicultural como necessária à promoção de cidadãos e cidadãs críticos/as e participativos/as deveria ser enfatizada no interior de todas as áreas, sendo efetivamente implementada nas práticas curriculares vivenciadas.

Pode-se elucidar essa preocupação de Canen em ocasião de a escola escolher datas comemorativas para trabalhar com os temas transversais. Assim, no "Dia do índio" ou na "Semana da consciência negra", todos os professores e professoras se mobilizam para comemorar a data ou período junto aos estudantes e refletir acerca da temática. Nessas datas específicas, os/as professores/as de Educação Física são encarregados/as de trabalhar com jogos e/ou danças típicas da cultura indígena ou africana. Conteúdos que cotidianamente são silenciados pelo currículo escolar, nessas datas comemorativas são explorados pelos/as docentes.

Essa opção metodológica é rejeitada por Torres Santomé (1998). Para o autor, esses temas mais interdisciplinares e com maiores possibilidades de tornarem-se significativos e relevantes para os/as estudantes deveriam se converter no foco de atenção das instituições educativas e não trabalhados apenas esporadicamente nessas datas, de maneira superficial e desconectada da realidade. Para Macedo (1999), se os PCNs defendem os temas transversais como fundamentais para a atuação crítica do/a aluno/a na sociedade, eles deveriam fazer deles os princípios estruturadores do currículo, o seu núcleo central, e não postos em um patamar de importância inferior ao dos componentes curriculares.

Uma visão pluralista muito presente nos currículos de Educação Física pode ser identificada em materiais didáticos que agregam as manifestações corporais originárias de grupos marginalizados ou provenientes de outras culturas, porém, não apresenta o contexto histórico, social e político no qual foram produzidas. Em poucas páginas e, às vezes, em seções isoladas (finais de capítulos), são apresentados os movimentos característicos da capoeira ou os passos do *hip-hop* sem, no entanto, abordar as relações de poder existentes na construção da identidade, as representações culturais e as lutas por sua legitimação.

Outra prática comum nas aulas de Educação Física lecionadas por professores e professoras de visão pluralista é a separação de turmas por gênero ou a atribuição de atividades paralelas aos alunos e alunas que apresentam dificuldades nas atividades propostas.

Quando o/a professor/a de Educação Física separa as turmas por gênero, a fim de que as meninas possam ter maiores oportunidades de participação, ele/a não percebe que essa estratégia impossibilita o encontro entre os grupos diferentes e, consequentemente, a discussão a respeito do patriarcado. Ao mesmo tempo, ao estudante com "suposta" menor habilidade motora que os demais, quando o professor ou a professora concede a tarefa de apitar ou cronometrar o jogo, ele/a resguarda para esse indivíduo uma participação marginal, com a camuflagem da inclusão (NEIRA, 2007).

Professores e professoras de Educação Física com uma visão pluralista costumam ressaltar as conquistas de atletas famosos/as que alcançaram o sucesso no esporte, apesar de sua origem socioeconômica desfavorável. O esporte passa a ser visto como a "salvação" de todos os males da sociedade e os/as estudantes são estimulados/as a acreditar que para vencer na vida basta trabalhar duro e ser persistente. Apesar de muitas vezes essas estratégias serem criadas com as melhores intenções, elas são apropriadas somente do ponto de vista hegemônico. Na perspectiva pluralista, são ocultadas as causas e os motivos de tanta disparidade econômica e subordinação em relação à classe, ao gênero e à etnia.

Multiculturalismo essencialista de esquerda:

O termo essencialismo, segundo Kincheloe e Steinberg (1999), refere-se à crença em um conjunto de propriedades inalteradas (essências) que envolvem a estruturação de uma categoria particular. Os/as multiculturalistas considerados/as essencialistas de esquerda apresentam tendência em dirigir a atenção para somente uma forma de opressão; para eles, esta é a fundamental e prioritária em relação a qualquer outra modalidade de dominação. Como exemplo, podem ser mencionadas as feministas radicais que veem no gênero a forma essencial de opressão, determinados estudos étnicos interessados apenas nas questões relativas à etnia, ou ainda os/as marxistas ortodoxos/as que priorizam a classe social.

O multiculturalismo essencialista de esquerda tende a essencializar as diferenças culturais e, portanto, ignorar a situacionalidade histórica e cultural da diferença (MCLAREN, 2000b, p. 120). Essa posição "essencialista" até procura defender os interesses de determinada cultura minoritária, porém, a crítica desferida por Peter McLaren é em relação à suposta autoridade e autenticidade dos argumentos utilizados pelos/as essencialistas de esquerda, ou seja, somente o sujeito, por conta de sua experiência, está apto a legitimar a validade do assunto em questão, provocando uma espécie de elitismo acadêmico.

Santos (2003) também adota uma posição antiessencialista, não aceitando que o reconhecimento se dá por meio de critérios de autenticidade, ou seja, só quem é oprimido/a está autorizado/a a falar sobre oprimidos/as ou, em relação aos negros/as e a respeito da discriminação contra eles/as, só possam falar os negros/as.

A ideia da autenticidade de testemunho é, a meu ver, uma das formas que pode levar a um desenvolvimento de um novo *apartheid* cultural e que podia ser realizado por meio de um radicalismo excessivo, porque permitiria criar igualdade, mas em separação (SANTOS, 2003).

As pessoas que adotam uma posição essencialista de esquerda não reconhecem que a formação da identidade é social e se modifica constantemente, relacionando-se com outras formações ideológicas instáveis e difusas (NEIRA, 2007, p. 82). O multiculturalismo essencialista de esquerda define o combate à opressão como questão de prioridade. Entretanto, essa corrente desconsidera que a opressão pode ocorrer de variadas maneiras e por diferentes motivos, como classe, etnia, gênero, idade, sexualidade, religião etc. Esses fatores invariavelmente criam diversas modalidades de experiência dos indivíduos dentro de qualquer categoria essencializada (p. 84). Apesar do esforço em valorizar a pluralidade de identidades, nessa vertente, o "negro", a "mulher", o "índio" são visualizados como entidades estanques. Ao homogeneizar essas categorias, mesmo que a intenção seja crítica, o multiculturalismo essencialista de esquerda assenta-se em uma visão da identidade como "essência acabada", o que pode resultar em um congelamento das identidades e das diferenças (CANEN, 2007).

Para Kincheloe e Steinberg (1999) essa postura dificulta a possibilidade dos/as essencialistas de esquerda em articular uma visão democrática que tenha sentido para uma ampla gama de indivíduos e grupos. Em vez de lutar pela articulação e atuar sobre a base de uma política democrática, os distintos grupos de identidade que constituem as categorias do multiculturalismo essencialista têm se enfrentado para elucidar qual deles pode reclamar para si um maior vitimismo e um maior privilégio de opressão.

Dentre as propostas curriculares da área de Educação Física, Neira (2007) identifica a influência de correntes multiculturais essencialistas de esquerda, na proposta crítico-superadora de Soares et al. (1992) e crítico-emancipatória de Kunz (1998). No primeiro caso, a classe social é a categoria essencialista que inspira toda a proposta, enquanto no currículo crítico-emancipatório, a linguagem é a categoria rígida que norteia seu projeto educacional.

De acordo com o currículo crítico-superador, entende-se que todas as manifestações da cultura corporal sofrem forte influência do sistema capitalista. Dessa forma, cabe ao professor desmascarar todas as artimanhas desse "cruel" sistema socioeconômico, libertando os/as estudantes de suas injustiças, por meio de estratégias que problematizem, por exemplo, o papel alienante do esporte na sociedade. Em contrapartida, na proposta crítico-emancipatória, segundo Neira, o/a docente deve promover novos espaços de diálogo corporal, nos quais os alunos e alunas construirão a própria linguagem para tornar possível a vivência daquela manifestação (p. 84).

O autor entende que ambas as propostas, ao considerarem rígidas as categorias de classe (crítico-superadora) e linguagem (crítico-emancipatória), não se interessam em compreender como esses elementos sofrem transformações conforme seu contexto histórico, e desconsideram outras questões relevantes na sociedade atual, como as condições de gênero e etnia. Tais propostas curriculares não vislumbram a possibilidade das manifestações da cultura corporal serem produzidas, muitas vezes, por grupos que ocupam posições sociais diferentes.

Para ser rapper, a pessoa não deve necessariamente apresentar um "diploma de oprimido/a", que lhe daria autenticidade para proferir suas críticas ao sistema capitalista. O Futebol Soçaite é um bom exemplo, mencionado por Neira, em que membros da elite carioca promoviam partidas no quintal de suas mansões, com a presença de alguns ex-jogadores famosos "empobrecidos" (que eram remunerados para se apresentar) e, com isso, valorizar os encontros. Portanto, o surgimento do Futebol Soçaite foi resultado da colaboração entre os diferentes.

3.1.2 Multiculturalismo crítico e educação física

Para apresentar a perspectiva multicultural defendida neste trabalho, é importante que inicialmente sejam abordados os efeitos provocados pelo fenômeno da massificação e a consequente presença de grupos culturais que, em um passado recente, encontravam-se excluídos do contexto da educação formal.

Essa diversidade cultural, que hoje habita o cenário escolar, instigou diversos/as autores/as contemporâneos/as a refletirem sobre como ocorre a formação das identidades culturais e a produção da diferença. Em meio à perspectiva multicultural crítica, identidade e diferença, portanto, são dois os conceitos-chave que serão abordados, também, neste capítulo.

Como uma alternativa às vertentes multiculturais expostas na seção anterior, apresentar-se-á os pressupostos teóricos que fundamentam o multiculturalismo crítico, para, em seguida, apontar caminhos para a construção de um currículo da área de Educação Física que tenha a clara intenção de legitimar as produções culturais dos grupos minoritários, abrindo espaços para que as práticas corporais sejam tratadas com o mesmo respeito e dignidade, independentemente do contexto em que são produzidas.

3.1.2.1 Currículo e diversidade cultural

O fenômeno da massificação, ou seja, a abertura da escola para "todos/as", produziu uma série de efeitos que hoje colaboram para a necessidade de uma maior reflexão acerca do que a escola propõe para essas novas e diferentes culturas que adentram seus muros. A velha escola secundária, reservada às elites, deve, hoje, responder à demanda de novos contingentes de postulantes (FANFANI, 2000).

Porém, o aumento da demanda parece não ter provocado alteração alguma na estrutura escolar. Segundo Torres Santomé (1995, p. 160), muitas propostas de escolarização mantêm ainda uma forte estrutura fordista[2], no sentido de que seu modo de funcionamento se assemelha ao da cadeia de montagem de uma grande

---

[2] Fordismo é um sistema de produção, criado no início do século XX, por Henry Ford, cuja principal característica é a mecanização homogeneizante do trabalho, a partir da organização e distribuição de tarefas em uma esteira transportadora, efetivando a linha de montagem na indústria automobilística.

fábrica. Os padrões de funcionamento da escolarização tendem à homogeneização. A escola tem sido e é um mecanismo de normalização (SACRISTÁN, 2001, p. 83).

A enorme distância entre a bagagem cultural trazida pelos/as estudantes e o que a instituição escolar oferece a essa nova geração instigou Green e Bigum (1995) a colocar, no centro de suas análises, a seguinte questão: existem alienígenas em nossas salas de aula? Os autores concluem, entretanto, que alienígenas não são os/as estudantes, mas nós, adultos/professores, incapazes de lidar com as novas e diferentes características do sujeito pós-moderno.

[...] o descaso pelas radicais transformações efetuadas na produção de subjetividades pelas novas mídias, demonstrado pela escola e pelos/as educadores/as profissionais significa deixar de fora desse espaço formas importantes de conhecimento e de saber que, no entanto, à contracorrente da escola, estão, na realidade, moldando e formando novas formas de existência e sociabilidade. (SILVA, 2001, p. 200).

Moreira e Candau (2003) também levantam essa problemática, afirmando que a escola sempre teve dificuldades em lidar com a pluralidade e a diferença. Para os autores, abrir espaços para a diversidade, a diferença, e para o cruzamento de culturas, constitui o grande desafio que a escola está chamada a enfrentar. Mas, efetivamente, o que mudou em relação a esse público que hoje frequenta os bancos escolares?

Muitos/as estudiosos/as apontam para o fato de que o fenômeno da globalização alterou profundamente as inter-relações econômicas, políticas, de segurança, culturais e pessoais, estabelecidas entre indivíduos, países e povos (SACRISTÁN, 2003). Para Santos (2003), entretanto, o processo de globalização não é efetivamente novo.

> [...] nas suas versões hegemônicas existe pelo menos desde os séculos XV e XVI e está ligado às formas de expansão europeia, nascimento do capitalismo e tem vindo num crescendo de globalização, expandindo-se cada vez mais a mais áreas geográficas do mundo, incorporando cada vez mais gente e sujeitando à lei de mercado e à lei de valor cada vez um número maior de atividades, produtos e serviços. (SANTOS, 2003).

Entretanto, o que não podemos deixar de considerar em qualquer análise da sociedade atual é o *boom* das novas tecnologias de comunicação, principalmente nos últimos 20 anos, que vem transformando radicalmente a forma de enxergar o mundo e alterando profundamente os processos de produção de subjetividade e identidades sociais. Segundo Silva (2001, p. 198), na mudança de uma cultura baseada nos meios audiovisuais e nos computadores, gera-se um sujeito com novas e diferentes capacidades e habilidades.

Existe hoje, portanto, um forte desencontro entre a cultura escolar, caracterizada pela homogeneidade, pela uniformidade, pela ordem e pelas sequências dos currículos tradicionais, e pelas culturas jovens, fragmentadas, flexíveis, móveis e instáveis. Essas fragmentações são sinalizadas por García Canclini (2009), que recorda que a geração dos/as jovens atuais foi a primeira que cresceu com a televisão em cores e o vídeo, o controle remoto, o *zapping*[3] e – uma minoria – com o computador pessoal e a internet (p. 216). Apesar de todas as mudanças provocadas pelas novas mídias, a educação institucionalizada e o currículo continuam a refletir, anacronicamente, os critérios e os parâmetros de um mundo social que não mais existe (SILVA, 2001, p. 185).

Essa disparidade entre o que a instituição escolar propõe e as reais necessidades dos/as estudantes, somada ao conflito gerado justamente por essa incompatibilidade de motivações, ganhou maior visibilidade com o ingresso na escola dos filhos e filhas dos grupos, até então, dela excluídos (NEIRA, 2008). No âmbito da educação, as recentes Políticas Públicas do Brasil, que privilegiaram as condições e oportunidades de acesso, modificaram significativamente a morfologia social dos/as estudantes. Ao penetrarem no universo escolar, os grupos de origem popular (afrodescendentes, rappers, funkeiros etc.) desestabilizam sua lógica e instalam outra realidade sociocultural (MOREIRA; CANDAU, 2003).

É a partir dessa complexa realidade instaurada que a teoria social e educacional crítica tem buscado compreender as questões do multiculturalismo, da diversidade, da identidade e da diferença. A pluralidade de culturas presente no contexto escolar desafia os/as docentes a buscarem estratégias novas, abertas e criativas, com base nas perspectivas e necessidades dos diferentes grupos sociais e culturais, antes ausentes desse espaço.

---

[3] *Zapping* consiste em mudar a televisão de canal constantemente, fazendo uso do controle remoto.

3.1.2.2 Identidade e diferença

Para Hall (2003a), o conceito de identidade ainda é pouco desenvolvido e compreendido pela ciência social contemporânea. Nesse sentido, torna-se impossível oferecer afirmações generalizadas e conclusivas ou fazer julgamentos seguros em torno desse conceito tão variável e problemático. O autor argumenta que as rápidas e profundas transformações ocorridas nas sociedades modernas vêm causando o deslocamento ou descentralização do sujeito. As identidades nacionais foram uma vez centradas, coerentes e inteiras, mas estão sendo agora deslocadas pelos processos de globalização (p. 50).

Nas formas contemporâneas de globalização, segundo Hall (2009), há dois processos em funcionamento, de modo contraditório. Por um lado, existem as forças dominantes de homogeneização cultural, como a imposição da cultura ocidental (mais especificamente as produções culturais estadunidenses) sobre todas as outras culturas do mundo. Mas, junto a isso, estão os processos que vagarosa e sutilmente estão descentralizando os modelos ocidentais, levando a uma disseminação da diferença cultural em todo o globo (p. 44). Ao mesmo tempo em que vivencia-se um tipo de americanização da cultura global (o autor denomina esse processo de "Mcdonald-ização" ou "Nike-zação" de tudo), observa-se, em uma metrópole multicultural como São Paulo, a explosão de ritmos musicais diversificados, grupos sociais heterogêneos e culinárias típicas de diferentes povos em um mesmo espaço.

Quanto mais a vida social se torna mediada pelo mercado global de estilos, lugares e imagens pelas viagens internacionais, pelas imagens da mídia e pelos sistemas de comunicação globalmente interligados, mais as identidades se tornam desvinculadas – desalojadas – de tempos, lugares, histórias e tradições específicos e parecem "flutuar livremente". Somos confrontados por uma gama de diferentes identidades (cada qual nos fazendo apelos, ou melhor, fazendo apelos a diferentes partes de nós), dentre as quais parece possível fazer uma escolha. Foi a difusão do consumismo, seja como realidade, seja como sonho, que contribuiu para esse efeito de "supermercado cultural" (HALL, 2003a, p. 75).

Qual é a identidade cultural do/a morador/a da cidade de São Paulo? Será que alguém ousaria definir com convicção a identidade cultural do negro, do índio ou da mulher? O sujeito pós-moderno é composto por múltiplas identidades, cada vez mais fragmentadas e instáveis. Para Neira (2007, p. 109), esse sujeito ocupa variadas posições que se modificam ao longo de sua existência. As identidades não são nunca unificadas (HALL, 2003b, p. 108). Elas são construídas culturalmente e historicamente. Por essa razão, quando se fala que o brasileiro é apaixonado por Futebol ou que a brasileira tem "samba no pé", é necessário saber a qual brasileiro ou brasileira se faz referência.

Segundo Silva (2003), a identidade está em estreita relação com a diferença. Identidade e diferença são interdependentes, são inseparáveis. É por meio da produção do sistema de diferenças e oposições que os grupos sociais tornam-se "diferentes" (SILVA, 1996, p. 171). Isso significa, por exemplo, que só se pode afirmar o que é ser "homossexual", "homem" ou "negro", a partir do entendimento da diferença, da oposição, ou seja, o que é ser "heterossexual", o que é "mulher" ou o que é "branco".

A identidade e a diferença são os resultados de um processo de produção simbólica e discursiva, não podendo ser compreendidas fora dos sistemas de significação nos quais adquirem sentido (SILVA, 2003). Na medida em que são definidas, em parte, por meio da linguagem, a identidade e diferença são marcadas pela indeterminação e pela instabilidade (p. 80). Sendo marcada por meio da linguagem, a identidade, tal como a diferença, é uma relação social (p. 81). Elas são definidas nas relações com os outros. Porém, essas relações não acontecem harmoniosamente. Elas são construídas no interior do jogo de poder e de exclusão (HALL, 2003b, p. 110-1).

Na disputa pela identidade está envolvida uma disputa mais ampla por outros recursos simbólicos e materiais da sociedade. A afirmação da identidade e a enunciação da diferença traduzem o desejo dos diferentes grupos sociais, assimetricamente situados, de garantir o acesso privilegiado aos bens sociais. A identidade e a diferença estão, pois, em estreita conexão com relações de poder. O poder de definir a identidade e de marcar a diferença não pode ser separado das relações mais amplas de poder (SILVA, 2003, p. 81).

Afirmar que a identidade e a diferença estão ligadas a sistemas de poder implica questionar os sistemas de representação que lhes sustentam. Quem tem o poder de representar tem o poder de definir e determinar a identidade (p. 92). Assim, deve-se, sempre, problematizar quem definiu determinada identidade como norma. Pressuposições tomadas como dadas, em relação à natureza e à essência fixa das coisas, estão imediatamente sujeitas a discussão (HALL, 1997).

Nessas disputas de poder, a cultura dominante tenta definir a cultura padrão, aquela que deve ser seguida pelos "bons" cidadãos. Geralmente, as pessoas que não se enquadram nessa cultura são vistas como "inferiores", "diferentes", os "outros". Em um mundo governado pela hegemonia cultural estadunidense, "étnica" é a música ou a comida dos outros países. É a sexualidade homossexual que é "sexualizada", não a heterossexual (SILVA, 2003, p. 83).

Essa imposição cultural, entretanto, é desafiada constantemente pela heterogeneidade de hábitos e costumes das comunidades. Um termo utilizado para caracterizar essas culturas cada vez mais mistas e fragmentadas é o "hibridismo" ou "hibridização". García Canclini (2008, p. 19) entende por hibridização processos socioculturais nos quais estruturas ou práticas discretas, que existiam de forma separada, se unem para gerar novas estruturas, objetos e práticas. Segundo o autor, a hibridização ocorre, às vezes, de modo não planejado, ou é resultado imprevisto de processos migratórios, turísticos e de intercâmbio econômico ou comunicacional, mas frequentemente surge da criatividade individual e coletiva.

Para exemplificar o conceito de hibridização, pode-se imaginar uma sala de aula de determinada escola pública da cidade de São

Paulo. Ela é frequentada por diferentes grupos sociais e culturais que transformam o ambiente em uma mistura de cores, raças, gostos e costumes. O adolescente de origem nordestina, que anda sempre vestido de camisetas pretas, exibindo estampas das suas bandas de rock prediletas, gosta de ler gibis de super-heróis e almoça frequentemente em um restaurante de comida chinesa, ou o estudante de origem negra, com seus cabelos *dreadlocks* estilo rastafári, que usa calça jeans larga e camisas de times de basquete da NBA, passa o dia com seu aparelho mp3 player escutando rap e não falta às missas de domingo, ou a garota negra com o corpo marcado por tatuagens e piercings, pratica esportes de aventura, vive navegando pela internet, em sites de relacionamento e comparece semanalmente nos ensaios da escola de samba do seu bairro; todos esses são, de formas distintas, sujeitos "hibridizados". O hibridismo, esse processo de tradução cultural que jamais se completa (HALL, 2009), desestabiliza e confunde as formas dominantes de representação da identidade e da diferença.

A partir do conceito de hibridização, é necessário ter o devido cuidado em não "congelar" ou "essencializar" as identidades. Como apontam Moreira e Câmara (2008), é crucial que os/as educadores/as utilizem estratégias para que o/a estudante perceba a maneira que, em sua identidade, se misturam aspectos que podem ser alvos de discriminação e opressão, assim como aspectos associados a grupos que têm dominado e explorado outros (p. 47).

Assim, nas aulas de Educação Física, um menino negro pode possuir um repertório motor que lhe garanta sucesso ou destaque nas práticas esportivas, reunindo, dessa forma, elementos de dominância nesse contexto; enquanto que em outras situações de aula, este mesmo aluno pode sofrer inúmeros atos de discriminação pelo fato de ser negro, sendo colocado em uma posição de subordinação. Semelhantemente, uma menina branca de classe alta que reúne elementos de dominância em determinadas situações, pode, nas aulas de Educação Física, ser alvo de preconceito, relacionado a gênero, em ocasião da ação de práticas corporais, sendo colocada, nessas ocasiões, em uma posição subordinada.

Em tempos de mutações vertiginosas, produzidas pela globalização, a sociedade de consumo e a sociedade de informação (SANTOS, 1996, p. 15), surge, no contexto da educação, a necessidade de buscar estratégias e políticas para governar ou administrar problemas de diversidade e multiplicidade gerados pelas sociedades multiculturais (HALL, 2009, p. 50). Esse processo, denominado "multiculturalismo", vem ganhando cada vez mais força nas discussões e pesquisas no campo do currículo.

3.1.2.3 Multiculturalismo crítico

Assim como Leite (2002), defende-se, nesta dissertação, uma resposta ao multiculturalismo, que ultrapassa, quer o assimilacionismo, quer a aceitação passiva das diferentes culturas. É rejeitada a resposta escolar que tem como característica a valorização de um modelo cultural único (currículo ginástico e esportivista), que deve ser aceito por todos/as e interiorizado de modo a evitar conflitos e a facilitar a convivência social (p. 162). Do mesmo modo, não há acordo com as concepções curriculares que consideram certas culturas deficitárias (currículo desenvolvimentista, psicomotor e saudável), que precisam se enquadrar nas normas estabelecidas pela cultura padrão (modo de vida capitalista, jogos e exercícios característicos dos grupos dominantes etc.). Também é rejeitada a visão educacional que defende a tolerância entre as diferentes culturas (PCNs), a ideia de um multiculturalismo benevolente, no qual, em uma situação de dádiva ou paternalismo, a cultura dominante pretende se apropriar de certos costumes dos grupos minoritários (geralmente música, dança, culinária), considerado-os, na maioria das vezes, exóticos; e pretende "partilhar" um pouco de sua privilegiada cultura. Concomitantemente, entende-se que a postura essencialista de esquerda (currículo crítico-superador e crítico-emancipatório) tem se mostrado incapaz de lidar com as inúmeras relações de poder que ocorrem nas escolas, com características multiculturais, e tem fracassado na missão, que ela mesma assumiu, de combater as injustiças sociais.

A opção pedagógica assumida neste trabalho, sustentada pelas teorias radicais, é a favor de um currículo multicultural que promova o diálogo intra e entre culturas, em que cada uma se valorize por meio de práticas que permitam um melhor conhecimento de si e também um (re)conhecimento dos outros (LEITE, 2002, p. 144). Defende-se, aqui, uma concepção de currículo que enxergue a coexistência, nas escolas, dos/as alunos/as portadores/as de culturas diversas não como um obstáculo, mas como um fator de enriquecimento, pela reciprocidade que essa situação acarreta (p. 149).

Contrapondo-se às perspectivas multiculturais apresentadas, alguns/as educadores/as apresentam, como alternativa, o multiculturalismo crítico e de resistência. Conhecido também como multiculturalismo revolucionário (MCLAREN, 2000a), multiculturalismo emancipatório (SANTOS, 2003), multiculturalismo teórico (KINCHELOE; STEINBERG, 1999) e educação intercultural (LEITE, 2002), essa perspectiva não abrange a cultura como não conflitiva, harmoniosa e consensual. O multiculturalismo crítico compreende a representação de etnia, classe e gênero como o resultado de lutas sociais mais amplas sobre signos e significações.

A crítica do multiculturalismo crítico argumenta que a relação entre o significante e o significado é *insegura* e *instável*.

Os signos são parte de uma luta ideológica que cria um regime particular de representação que serve para legitimar certa realidade cultural. (MCLAREN, 2000b, p. 128).

Adotando uma postura de resistência, o multiculturalismo crítico, segundo McLaren, enfatiza a tarefa central de transformar as relações sociais, culturais e institucionais, nas quais os significados são gerados. Seu posicionamento teórico rejeita as posições conservadoras e liberais sobre a diversidade. Essa visão de multiculturalismo não se limita a constatar a pluralidade de identidades e os preconceitos construídos nas relações de poder entre as mesmas (CANEN, 2007). A identidade, nessa perspectiva, é interpretada como uma construção, sempre múltipla e plural. Portanto, o multiculturalismo crítico procura analisar os processos discursivos pelos quais as identidades são formadas.

Dessa forma, a produção da diferença é entendida como um processo social e não como algo natural ou inevitável. No âmbito da diferença, indivíduos e grupos têm suas vozes e histórias desautorizadas e negadas. O multiculturalismo crítico pode propiciar a contextualização e a compreensão do processo de construção das diferenças e das desigualdades, enfatizando que elas não são naturais e que, portanto, resistências são possíveis (MOREIRA, 2001).

Comprometido com a justiça social, o multiculturalismo crítico, diferente das posições conservadoras e liberais que assumem que a justiça já existe e precisa apenas ser igualitariamente distribuída (MCLAREN, 2000b), tem como objetivo o fato de que a justiça precisa ser constantemente criada e sua luta constantemente definida. Essa perspectiva de multiculturalismo se fundamenta em uma política cultural diferente daquela que simplesmente restabelece uma ordem hierárquica inversa de negros e latinos sobre brancos (p. 134).

É fundamental que o multiculturalismo emancipatório parta do pressuposto que as culturas são todas elas diferenciadas internamente e, portanto, é tão importante reconhecer as culturas umas entre as outras, como reconhecer diversidade dentro de cada cultura e permitir que dentro da cultura haja resistência, haja diferença (SANTOS, 2003).

Silva (2001) critica a concepção de multiculturalismo que tem, como premissa, a simples convivência entre culturas diferentes. Um ideal multiculturalismo crítico deve levar em conta as relações de poder que existem entre os diferentes grupos sociais e culturais. Para o autor, as culturas não são simplesmente diferentes, elas são desiguais. Silva questiona os discursos que declaram uma determinada cultura melhor ou mais válida que outra. Na correlação de forças estabelecida no jogo social, determinadas culturas se impuseram como mais válidas que outras (p. 196). O multiculturalismo crítico questiona as relações de poder que legitimam certas culturas em detrimento de outras.

Os/as defensores/as do multiculturalismo crítico não têm pretensões de neutralidade. De acordo com Kincheloe e Steinberg (1999), diferentemente de outros enfoques teóricos, os/as teóricos/as críticos/as centram suas forças na ideia de igualitarismo e na eliminação do sofrimento humano. Ao trabalhar em solidariedade, com grupos subordinados e marginalizados, os/as multiculturalistas críticos/as pretendem revelar os sutis – e às vezes ocultos – processos educativos que favorecem os ricos e prejudicam os pobres. O multiculturalismo crítico está definitivamente interessado em contextualizar o que causa as desigualdades de classe social, gênero, etnia e outras.

3.1.2.4 Currículo multicultural crítico da Educação Física

Na visão tradicional de currículo, a escola é o local responsável por transmitir os conhecimentos produzidos pelos diversos campos da ciência, de maneira que as gerações se apropriem da cultura universal. Sob a lógica da eficiência e da produção, esse enfoque ignora as relações de poder e conflitos que ocorrem dentro e fora da escola e se preocupa apenas em adaptar os/as jovens ao modelo vigente na sociedade. Para Giroux (1983), a racionalidade técnica está ligada aos princípios de controle e certeza. Em nome da transmissão de conhecimentos consagrados pela ciência, o currículo tradicional defende que esses saberes devem ser apresentados aos/às estudantes de maneira neutra.

Goodson (1995), entretanto, entende o currículo como um artefato social e histórico. Nessa concepção, o currículo não é constituído de conhecimentos válidos, mas de conhecimentos considerados socialmente válidos. Se o currículo é uma invenção social, é admissível questionar quem está autorizado/a a definir os conteúdos que serão ensinados pelos diversos componentes curriculares. Para Forquin (1993), o currículo não transmite a cultura de uma sociedade, tampouco as culturas de uma sociedade. O currículo transmite apenas uma parte restrita da cultura. Nessa concepção, o currículo é entendido como uma seleção – um recorte dos saberes produzidos pela humanidade.

Dessa forma, ao escolher os conteúdos que farão parte do currículo, o/a docente não o faz de maneira neutra. De acordo com Apple (2009, p. 59), o currículo é sempre parte de uma tradição seletiva, resultado da seleção de alguém, da visão de algum grupo acerca do que seja o conhecimento legítimo. É por isso que o currículo tem de ser analisado por meio das relações de poder que fazem com que um conhecimento passe a ser ou não válido. Quem define os conteúdos que compõem o currículo detém o poder sobre o processo de ensino. O currículo não é o veículo de algo a ser transmitido e passivamente absorvido, mas é o terreno em que ativamente se criará e produzirá cultura (MOREIRA; SILVA, 2009).

Paulo Freire, em toda sua trajetória acadêmica, pretendeu, de maneira crítica, combater os discursos conservadores que defendiam a neutralidade na educação. O educador brasileiro não admitia, de forma alguma, separar o político do pedagógico. Seus escritos apontavam para a necessidade do/a professor/a assumir uma postura política em sala de aula.

> Não posso ser professor se não percebo cada vez melhor que, por não ser neutra, minha prática exige de mim uma definição. Uma tomada de posição. Decisão. Ruptura. Exige de mim que escolha entre isto e aquilo. Não posso ser professor a favor de quem quer que seja e a favor de não importa o quê. Não posso ser professor a favor simplesmente do Homem ou da Humanidade, frase de uma vaguidade demasiado contrastante com a concretude da prática educativa (FREIRE, 2002, p. 115).

O ato de ensinar, parafraseando Paulo Freire, exige compreender que a educação é uma forma de intervenção no mundo. Nesse sentido, Giroux (1992, p. 22) enfatiza que professores e professoras devem responsabilizar-se ativamente por levantar questões sérias a respeito do que ensinam, como devem ensinar e quais os objetivos mais amplos pelos quais lutam. Por que esse conhecimento e não outro? Quais interesses fazem com que esse conhecimento, e não outro, esteja no currículo? Quais identidades sociais são formadas pelo currículo? Que culturas são esquecidas pelo currículo ou, quando lembradas, são tratadas de forma discriminada ou exótica? Essas indagações são também levantadas por Silva (2009), que recomenda que os educadores e educadoras mantenham-se permanentemente atentos/as na escolha dos conteúdos que serão abordados nas aulas. Para o autor, o currículo está inexoravelmente imbricado em relações de poder.

Se a educação consiste em um ato político, cabe apontar qual o compromisso firmado pelos/as docentes que se apoiam nos pressupostos do multiculturalismo crítico para desempenhar sua prática pedagógica. Para McLaren (2000a), os/as educadores/as, enquanto agentes revolucionários/as, devem lutar em nome da justiça social, oferecendo aos/às estudantes os meios críticos para negociar e traduzir criticamente suas próprias experiências e formas de conhecimento subordinado (p. 43). Neira (2007) entende que ao utilizar os pontos de vista dos grupos subordinados, os professores e professoras se convertem em agentes transformadores, ajudando os/as estudantes a identificarem sua opressão ou a compreenderem sua possível cumplicidade com ela (p. 166). Diante disso, os/as professores/as multiculturais críticos/as têm um sério compromisso com as camadas desprivilegiadas economicamente da sociedade.

Giroux (1992), que valoriza a importância de se considerar os professores e professoras como intelectuais transformadores, defende uma pedagogia como forma de política cultural. Essa defesa implica a necessidade de os/as educadores/as analisarem como a produção cultural é organizada em relações assimétricas de poder, construindo estratégias políticas para transformar a escola em uma esfera pública democrática. A categoria "voz do professor", utilizada por Giroux, ajuda a compreender como os discursos empregados pelos/as educadores/as refletem valores e ideologias que podem tanto marginalizar como fortalecer os alunos e alunas.

Como o/a professor/a de Educação Física reage, no período de aula, em situações de discriminação de gênero? Quando, por exemplo, os meninos rejeitam a participação das mulheres no jogo de Futebol, afirmando que esse esporte é "pra homem" (sic), ou se recusam a participar das vivências relacionadas à Dança, concebendo essa manifestação corporal como exclusiva para mulheres ou homossexuais, qual a postura adotada pelo/a educador/a? Como os professores e professoras de Educação Física concebem as práticas corporais, gestos e símbolos característicos dos grupos sociais subordinados? Para McLaren (1997), muitas vezes, a voz do/a professor/a compartilha um discurso autoritário que silencia as vozes dos/as estudantes.

Buscando traduzir o multiculturalismo crítico em ações pedagógicas, Canen e Oliveira (2002) classificam três categorias centrais nas práticas pedagógicas multiculturalistas: *crítica cultural*, *hibridização* e *ancoragem social* dos discursos.

Moreira e Macedo (2001) referem-se à crítica cultural, permanente nos discursos, como a possibilidade de se incorporar ao currículo contribuições de diferentes grupos sociais, questionando os estereótipos sociais difundidos na sociedade; a elaboração de programas e currículos que favoreçam ao/à estudante a crítica de seu ambiente cultural, a familiaridade com distintos artefatos culturais; a produção de alguns deles; a rejeição da visão estática, unitária e essencialista de grupos sociais; e, por último, a necessidade de buscar o acordo em relação a um projeto coletivo de transformação do existente, a partir da denúncia das estratégias elitistas que inviabilizam a formação de uma sociedade mais justa e solidária. Para tanto, Canen e Oliveira (2002) propõem quatro dimensões da prática pedagógica multicultural:

> [...] a construção (que envolve a produção do conhecimento por parte do aluno, por intermédio de estratégias que o ajudem a buscar, compartilhar e analisar a informação sobre o pluralismo cultural e as desigualdades); voz e escolha (desenvolvimento de atividades democráticas em sala de aula, envolvendo a voz e a escolha dos alunos); crítica (envolvendo estratégias que demandem a discussão de valores culturais conflitantes, críticas ao *status quo* e investigação das relações culturais de domínio e marginalização); e, por fim, o ativismo social (incentivo a tomadas de posição e ações efetivas, com base nas três dimensões, que levem ao ganho de habilidades para uma oposição ativa às condições de desigualdade).

McLaren (2000a) apresenta uma importante reflexão em torno da *hibridização*. Segundo o autor, uma linguagem híbrida é aquela que cruza as fronteiras culturais, incorpora discursos múltiplos e reconhece a pluralidade. A partir da hibridização, provérbios preconceituosos como "tinha que ser preto", "que coisa mais baiana", "futebol é pra homem" devem ser problematizados pelos/as professores/as multiculturais críticos/as, a fim de serem reapropriados por grupos culturais marginalizados. A promoção dessas práticas discursivas ajuda esses grupos a readquirirem seus direitos à voz e lutarem por seus interesses.

Como exemplo de práticas corporais hibridizadas, pode-se mencionar a origem elitista do Futebol no Brasil, que vetava a participação de atletas negros e, no decorrer do tempo, popularizou-se entre as camadas mais humildes da sociedade, invadindo os campos de várzea. O circo trazido para o Brasil pelos ciganos, a capoeira praticada antigamente pelos escravizados africanos (proibida pelo governo) e o *funk* proveniente das favelas cariocas são outros exemplos de hibridização das práticas culturais. Atualmente, presencia-se o processo de elitização do circo, com preços que limitam a presença de grupos desfavorecidos economicamente, a invasão das aulas de capoeira nas escolas particulares e a disseminação de bailes funk para todos os tipos de público. Segundo Neira (2007, p. 182), o currículo escolar da Educação Física pode empreender uma análise das razões que impulsionaram as ressignificações de determinada prática corporal.

A estratégia denominada *ancoragem social* procura alargar os quadros de referência pelos quais compreende-se as relações entre conhecimento, pluralidade e poder (CANEN; OLIVEIRA, 2002), analisando as presenças e ausências nos discursos históricos, políticos, culturais ou outros. A utilização dessa estratégia nas aulas de Educação Física pode, por exemplo, fornecer meios para identificar quais interesses mercadológicos existem por trás dos discursos midiáticos que fomentam a necessidade de um corpo "jovem", "esbelto" e "saudável". A *ancoragem social* dos conteúdos pode ajudar a compreender a lucratividade das indústrias farmacêuticas, das indústrias de roupas e acessórios esportivos, das academias de ginástica, dos centros de estética, das clínicas de emagrecimento, entre outras, na propagação de um modelo de corpo "ideal".

Para McLaren (1997), os/as educadores/as radicais precisam analisar as relações de poder e os discursos que produzem o conhecimento escolar. O autor sugere que o conhecimento deveria ser analisado em termos de ele ser opressivo e explorador, e não em termos de ser "verdadeiro" (p. 215). Sob essa ótica, o/a professor/a de Educação Física poderia analisar de que forma o conhecimento advindo das mulheres e dos grupos minoritários é tratado nos textos escolares ou nas diversas práticas corporais, evitando visões estereotipadas que reforcem atitudes racistas e sexistas. Questões como a desvalorização da mídia em relação às práticas corporais que fazem parte do cotidiano dos grupos populares, como o *skate*, a música *reggae*, o *rap* e o tratamento diferenciado para as conquistas de esportistas do público masculino em relação às mulheres, precisam ser levantadas e debatidas nas aulas de Educação Física, pautadas nas análises produzidas pelo multiculturalismo crítico.

O currículo de Educação Física deve abrir espaços para que os *rappers* e *skatistas* estudem melhor o rap e o skate, e também as demais práticas corporais (NEIRA, 2007, p. 158). Mas não se trata de incluir essas manifestações culturais no currículo de maneira exótica ou descontextualizada. Neira adverte que, ao incorporar as práticas corporais oriundas dos grupos subordinados no currículo, os professores e professoras multiculturalistas críticos precisam problematizá-las, abordando as histórias de luta desses movimentos pelo seu reconhecimento e dignidade.

McLaren (1997) propõe uma pedagogia que tome os problemas e necessidades dos alunos e alunas como ponto de partida. Considerar essa questão significa compreender e legitimar o conhecimento e as experiências por meio das quais os/as estudantes dão sentido às suas vidas diárias (p. 257). Para Neira (2007), os/as professores/as multiculturalistas críticos/as que forem capazes de conectar as experiências dos/as estudantes às questões sociopolíticas mais amplas, darão novo sentido à educação daqueles/as que sempre viram pouca conexão entre seus estudos e suas realidades existenciais (p. 178).

A intervenção pedagógica multicultural crítica nas aulas de Educação Física pressupõe o reconhecimento à cultura popular e a inserção da cultura juvenil no currículo, transformando a escola em um rico espaço de reflexão e crítica da realidade. Na visão de Giroux e Simon (2009, p. 96):

> [...] a cultura popular representa não só um contraditório terreno de luta, mas também um importante espaço pedagógico onde são levantadas questões sobre os elementos que organizam a base da subjetividade e da experiência do aluno.

O/a professor/a de Educação Física pode incorporar, nos programas escolares, as formas culturais da infância e da juventude (o cinema, os videoclipes, as telenovelas, os quadrinhos, o grafite etc.) como estratégias para indagar as questões de classe, gênero e etnia presentes nas práticas sociais e nos discursos. Para Torres Santomé (1995), os/as docentes que rejeitam ou não concedem reconhecimento à cultura popular perdem uma oportunidade maravilhosa de aproveitar os conteúdos e interesses significativos para os/as estudantes como ponto de partida para o trabalho pedagógico crítico.

Remetendo-se ao pensamento de Paulo Freire apresentado no início desta seção, o professor e a professora, enquanto sujeitos políticos, necessitam posicionar-se a favor ou contra quem desenvolve sua prática pedagógica. Para tanto, o multiculturalismo crítico explicita claramente sua posição. Os/as educadores/as que atuam sob a ótica do multiculturalismo crítico têm um compromisso com as populações desprovidas de poder, que vivem às margens na sociedade e direcionam seus esforços para desafiar as narrativas dominantes que justificam qualquer forma de discriminação relacionada a gênero, classe, sexualidade, idade, etnia etc.

Ao apresentar os saberes que considera imprescindíveis à prática educativa, Freire (2002) valoriza a importância do respeito aos saberes dos/as educandos/as. Ele menciona como exemplo o aproveitamento da experiência dos alunos e alunas que vivem em cidades descuidadas pelo poder público para discutir a poluição dos rios, os lixões, os baixos níveis de bem-estar das populações, conectando, assim, os saberes curriculares fundamentais à experiência social que eles têm como indivíduos. É nessa perspectiva que o/a professor/a que se apoia nos trabalhos do multiculturalismo crítico necessita, por intermédio do diálogo, construir saberes com os/as estudantes para que eles/as rompam com os discursos fatalistas e imobilizantes, próprios do neoliberalismo, que insiste em convencer de que nada pode-se fazer frente à realidade social.

3.2 O currículo de educação física inspirado pelos estudos culturais

O multiculturalismo crítico utiliza a bibliografia e os métodos analíticos dos Estudos Culturais para adquirir um conhecimento mais profundo de como a raça, a classe social e o gênero são representados nas várias esferas sociais (KINCHELOE; STEINBERG, 1999). É importante salientar, entretanto, que não se está referindo à mesma coisa, quando se fala de multiculturalismo crítico e Estudos Culturais. É importante ressaltar que, apesar das análises oriundas desses campos muitas vezes se entrecruzarem e se completarem, o multiculturalismo crítico surgiu a partir dos movimentos sociais fora do âmbito acadêmico, enquanto os Estudos Culturais originaram-se como um campo teórico no interior da universidade.

A seguir, será apresentada a origem dos Estudos Culturais e o seu percurso histórico, apontando as principais correntes teóricas que influenciaram os trabalhos dos intelectuais dessa área.

Defendendo um enfoque cultural para a área da Educação Física, será discutido o conceito de cultura adotado pelas tradições dos Estudos Culturais. Em seguida, abordar-se-á as contribuições dos Estudos Culturais para o âmbito educacional, finalizando o capítulo com alguns caminhos que podem fornecer alternativas para a construção de uma prática pedagógica da Educação Física inspirada pelas elaborações desse campo teórico. Será reconhecido que as produções advindas do campo dos Estudos Culturais fornecem elementos imprescindíveis para os/as professores/as engajados/as em uma prática político-pedagógica comprometida com a mudança.

3.2.1 Os estudos culturais e seu legado teórico

Os Estudos Culturais surgiram enquanto campo teórico, de forma organizada, na Inglaterra. De acordo com Escosteguy (2004), Richard Hoggart fundou o Centre for Contemporany Cultural Studies (CCCS), situado na Universidade de Birmigham, em 1964. Logo, os trabalhos desenvolvidos pelo CCCS resultaram em um centro de pesquisa de pós-graduação. Stuart Hall, um dos intelectuais que dirigiram o Centro entre 1968 e 1979, destaca como marco para os Estudos Culturais alguns livros dos autores Richard Hoggart, Raymond Williams e Edward Palmer Thompson (HALL, 2009).

Silva (2009, p. 132) afirma que os esforços iniciais do Centro concentraram-se no estudo de formas culturais urbanas, sobretudo das chamadas "subculturas". Para Escosteguy (2004), na primeira etapa dos Estudos Culturais, a pesquisa estava delimitada principalmente nas seguintes áreas: as subculturas, as condutas desviantes, as sociabilidades operárias, a escola, a música e a linguagem. Neira e Nunes (2009a) indicam que o surgimento dos Estudos Culturais esteve ligado à crítica de alguns/as intelectuais, oriundos/as das camadas populares da Inglaterra, em relação à desvalorização da cultura popular e da cultura de massa por parte de membros da elite econômica, que reconheciam como "alta cultura" somente as grandes obras literárias e artes "consagradas" pela humanidade.

Ao traçar uma retrospectiva dos Estudos Culturais, observa-se que seus trabalhos foram influenciados por diversas correntes teóricas em seu percurso histórico. Inicialmente, pode-se estabelecer uma relação entre os Estudos Culturais britânicos com a teoria crítica marxista. Estabelecer essa relação não significa, entretanto, definir os Estudos Culturais como uma prática crítica marxista. Hall (2009), ao narrar a história, conta que ele próprio entrou nos Estudos Culturais pela Nova Esquerda, um movimento que sempre considerou o marxismo como problema, dificuldade, perigo, e não como solução. Em momento algum, segundo o autor, os Estudos Culturais e o marxismo se encaixaram perfeitamente. Apesar de fortemente influenciados pelas questões levantadas pelo marxismo, (como os relacionamentos complexos entre o poder e a exploração, as questões econômicas, políticas, ideológicas, de classe social, entre outras) os Estudos Culturais atuavam na vizinhança do marxismo, sobre o marxismo, contra o marxismo, com o marxismo e para tentar desenvolvê-lo (p. 191).

Stuart Hall afirma que as principais críticas que os Estudos Culturais teciam ao marxismo eram: seu reducionismo e economicismo, o modelo de base e estrutura como único meio para explicar a relação entre sociedade, economia e cultura e o eurocentrismo, que marcavam seu modelo teórico. Foi assim que, na década de 1970, o pensamento de Antonio Gramsci marcou o primeiro deslocamento dos Estudos Culturais. Para Escosteguy (2004), na teoria da hegemonia gramsciana, o movimento de construção da direção política da sociedade pressupõe complexas interações entre as culturas populares e a cultura hegemônica.

> Com isto, o que se quer dizer é que não existe um confronto bipolar e rígido entre as diferentes culturas. Na prática, o que acontece é um sutil jogo de intercâmbios entre elas. Elas não são vistas como exteriores entre si, mas comportando cruzamentos, transações, intersecções. Em determinados momentos, a cultura popular resiste e impugna a cultura hegemônica; em outros, reproduz a concepção de mundo e de vida das classes hegemônicas. (ESCOSTEGUY, 2004, p. 147).

O conceito de intelectual orgânico, desenvolvido por Gramsci, captou aquilo que as pessoas ligadas aos Estudos Culturais e, especialmente, ao Centro (CCCS), estavam preocupadas em fazer enquanto projeto político. Hall (2009) destaca dois aspectos dessa definição de Gramsci que a aproximavam da noção dos Estudos Culturais como projeto: primeiro, os intelectuais orgânicos deveriam possuir conhecimentos superiores aos dos intelectuais tradicionais, ou seja, há necessidade de estar na vanguarda do trabalho teórico intelectual para enfrentar o modelo hegemônico; segundo, a responsabilidade que o intelectual orgânico tem na transmissão dessas ideias, desse conhecimento, aos que não pertencem, profissionalmente, à classe intelectual. Stuart Hall admite, porém, que, no Centro, nunca se produziu intelectuais orgânicos.

Em função das rupturas ocorridas na história da formação dos Estudos Culturais, Stuart Hall aponta dois momentos decisivos: o primeiro em torno do feminismo, e o segundo relacionado às questões de raça. Para o autor, a intervenção do feminismo foi decisiva para os Estudos Culturais. A proposição da questão do pessoal como político, a expansão radical da noção de poder, a centralidade das questões de sexualidade para a compreensão do próprio poder, a abertura de muitas questões em torno do subjetivo e do sujeito, e a reabertura entre a teoria social e a teoria do inconsciente (a psicanálise) – questões levantadas pelo feminismo – reorganizaram o campo dos Estudos Culturais de maneira concreta. Com o mesmo efeito, as questões críticas de raça, a política racial, a resistência ao racismo e as questões críticas da política cultural representaram uma virada decisiva nos trabalhos desenvolvidos pelo Centro (CCCS).

Foi dessa maneira que o conceito de "classe" deixou de ser o conceito crítico central dos Estudos Culturais. Stuart Hall afirma que a chamada "virada linguística" descentrou o caminho estabelecido pelo CCCS. A descoberta da discursividade, da textualidade, representa um deslocamento no conceito de cultura. Para Escosteguy (2004), na etapa presente dos Estudos Culturais, as questões em torno da subjetividade e das identidades, a discussão sobre a pós-modernidade, a globalização, a força das migrações e o papel do Estado-Nação e da cultura nacional e suas repercussões sobre o processo de construção de identidades constituem-se em temáticas centrais nas análises culturais. A partir da trajetória histórica, delimitada neste ensaio, pode-se inferir que uma das características-chave dos Estudos Culturais é sua fragmentação teórica e sua abertura a novos conhecimentos, novas teorias.

3.2.2 O conceito de cultura nos estudos culturais

Como projeto político, os Estudos Culturais pretendem romper a clássica divisão entre a "alta cultura" (os considerados cultos) e a "cultura de massa" (os denominados incultos). Essa oposição, para os primeiros intelectuais oriundos das classes operárias britânicas que tiveram acesso à universidade, não passa de um etnocentrismo cultural dominante (NEIRA; NUNES, 2009b), uma tentativa de domínio político das relações sociais.

Nas tradições dos Estudos Culturais, a cultura é concebida como uma esfera de luta e de contradições, e deve ser vista como inacabada, como parte de uma luta continuada de indivíduos e grupos para definir e afirmar suas histórias e espaços de vida (GI-

ROUX, 1992, p. 47). Como defende McLaren (1997), além de definir a cultura como um conjunto de práticas, ideologias e valores, dispostos por diferentes grupos para darem sentido ao mundo, é preciso analisar as relações de poder que validam um determinado conhecimento em detrimento de outro.

À sombra dessa ótica os Estudos Culturais colocam a cultura no centro de suas análises. Para Hall (1997), a cultura está inscrita e sempre funciona no interior do "jogo do poder". A cultura, enquanto produção histórica, é entendida como um espaço de luta, um território de poder, um campo contestado de significação. Nas relações desiguais de poder os indivíduos e grupos lutam para legitimar suas práticas e interesses. O autor afirma que toda ação é "cultural", que todas as práticas sociais expressam ou comunicam um significado e, nesse sentido, são práticas de significação.

Os Estudos Culturais rompem com a falsa ideia da cultura como um privilégio de um grupo restrito (elite econômica), identificada exclusivamente nas "grandes obras" da literatura e das artes. Todas as práticas sociais, na medida em que forem relevantes para o significado ou requeiram significado para funcionarem, têm uma dimensão "cultural" (HALL, 1997). Ao aceitar que o significado de qualquer objeto reside não no objeto em si, mas é produto da forma como esse objeto é socialmente construído por meio da linguagem e da representação, os Estudos Culturais colocam em xeque todas as pressuposições tomadas como verdade absoluta, assim como colocam a essência fixa das coisas.

A cultura, na perspectiva dos Estudos Culturais, deixa de ser vista apenas como os modos de vida de um povo (línguas, costumes, instituições), para ser encarada, também, como um campo de luta pela significação. Nesse jogo de poder pela validação das práticas sociais, a linguagem ganha papel central. A "virada cultural" (HALL, 1997) estabelece o foco nas formações discursivas às quais a língua recorre a fim de dar significado às coisas. Para Stuart Hall, na medida em que dependem do significado para funcionarem e produzirem efeitos, as práticas sociais se situam "dentro do discurso", ou seja, são "discursivas".

Conceber a cultura inserida na referência discursiva implica reconhecer que toda a conduta e as ações dos homens são moldadas, influenciadas e reguladas pelos significados culturais. É a partir dos textos culturais que os significados são travados, negociados, partilhados, divulgados e fixados (NEIRA; NUNES, 2009a). Como textos culturais, pode-se mencionar as imagens veiculadas nos *outdoors*, as novelas, as propagandas televisivas, as músicas, os desenhos infantis, as notícias divulgadas pelos diferentes meios de comunicação, as técnicas esportivas e as coreografias de Dança. Todas essas práticas sociais produzem significados, gerando discursos sobre o que é certo ou errado, sobre o que é justo ou injusto etc. Conforme Silva (2009, p. 134), a cultura é um campo em que se define não apenas a forma que o mundo deve ter, mas também a forma como as pessoas e os grupos devem ser.

3.2.3 A perspectiva dos estudos culturais na educação

Para Giroux (1992), se a linguagem for vista como um lócus de significados, torna-se possível levantar questões sobre o padrão da autoridade que legitima e utiliza a linguagem, a fim de conceder recursos e poder para alguns grupos, negando-os a outros. Na escola, a linguagem é um dos elementos mais importantes na construção da experiência e da subjetividade (p. 84). Nesse terreno político e ideológico, constantes batalhas são travadas em torno do conhecimento e das práticas culturais que podem ou não ser desenvolvidas. O currículo é um desses territórios de poder, em que lutas são travadas em torno de qual conhecimento é válido ou não, qual disciplina goza de maior ou menor prestígio, que proposta pedagógica tem maior legitimidade etc.

Neira e Nunes (2009a) afirmam que os Estudos Culturais caracterizam-se por um campo de pesquisas composto por três pressupostos inseparáveis e interdependentes: um Projeto Político, uma inserção pós-moderna e uma perspectiva interdisciplinar. Como Projeto Político, os Estudos Culturais têm uma longa história de compromisso com as populações sem poder (NELSON et al., 1995, p. 28). Suas análises não pretendem ser neutras ou imparciais. Na crítica que fazem das relações de poder em uma situação cultural ou social determinada, os Estudos Culturais claramente tomam partido dos grupos que estão em desvantagem nessas relações (SILVA, 2009, p. 134).

As questões levantadas pelo pós-modernismo, como a fragmentação das paisagens culturais de classe, gênero, sexualidade, etnia e nacionalidade, no passado, tinham fornecido sólidas localizações como indivíduos sociais (HALL, 2003a); a formação de identidades abertas, contraditórias, inacabadas; os efeitos da globalização; as mudanças aceleradas provocadas pelas novas tecnologias da informação e as características da sociedade de consumo são aspectos que os Estudos Culturais pretendem analisar com profundidade.

Apoiando-se na desconfiança gerada pelo pós-modernismo, os/as teóricos/as dos Estudos Culturais não estão engajados/as na busca da verdade, mas sim no conhecimento e na compreensão de como um meio material e prático pode comunicar-se com os grupos e movimentos sociais subordinados, ajudando-os a se fortalecer (MCROBBIE, 1995, p. 43).

Segundo Torres Santomé (1998), vive-se em um mundo global onde tudo está relacionado. As dimensões financeiras, culturais, políticas, ambientais, científicas etc., são interdependentes (p. 27). O autor entende que nenhum desses aspectos pode ser compreendido sem que se reflita sobre as repercussões e efeitos colaterais que cada um provocará nos demais âmbitos. Dessa forma, os Estudos Culturais constituem um campo interdisciplinar, transdisciplinar e, algumas vezes, antidisciplinar (NELSON et al., 1995), assegurando uma relação conflituosa com as disciplinas acadêmicas, incapazes de dar conta de tamanha complexidade e diversidade de fenômenos culturais e sociais que caracterizam as sociedades do novo milênio.

Os Estudos Culturais procuram explorar a cultura utilizando diferentes enfoques teóricos, não se prendendo a uma única lente interpretativa. Assim, por exemplo, um texto literário pode ser analisado sob o viés sociológico e uma propaganda televisiva ou uma música pode ser analisada pelos processos comunicacionais. Cada situação necessita de uma ferramenta teórica que melhor se encaixe ao contexto analisado. Como atenta García Canclini (2009), afirmar que os Estudos Culturais não configuram uma disciplina significa afastar-se das ortodoxias teóricas e das rotinas de pensamento com que os/as especialistas costumam investigar esses temas (p. 153). O que os têm caracterizado é o rompimento com certas lógicas cristalizadas e a hibridização de concepções consagradas (COSTA et al., 2003).

Nelson et al. (1995) elucidam que os Estudos Culturais são sempre contextuais, e suas teorias têm tentado se conectar a problemas sociais e políticos reais. Dessa maneira, segundo os autores, os Estudos Culturais preocupam-se com o terreno cotidiano das pessoas e com todas as formas pelas quais as práticas culturais tratam e se referem às suas vidas (p. 27).

É dessa perspectiva que os Estudos Culturais analisam instâncias, instituições e processos culturais aparentemente tão diversos quanto exibições de museus, filmes, livros de ficção, turismo, ciência, televisão, publicidade, medicina, artes visuais, música... (SILVA, 2009, p. 139).

Para Giroux (1995), ao analisar toda a gama dos lugares diversificados e densamente estratificados de aprendizagem, os Estudos

Culturais ampliam a compreensão do pedagógico, reconhecendo outras formas culturais que se encontram fora da escola tradicional e que moldam o comportamento dos/as estudantes. Como Silva (2009) menciona, poderia-se listar o que se aprende vendo, por exemplo, em um noticiário ou em uma peça de publicidade na televisão. Os Estudos Culturais reconhecem a enorme influência que os meios de comunicação (televisão, internet, revistas etc.) exercem sobre a vida das pessoas, funcionando não somente como canais de informação, mas como formas de pedagogia vitais para a formação de identidades e valores.

Torres Santomé (1995), ao analisar os conteúdos que são desenvolvidos nas instituições escolares, identifica inúmeras vozes ausentes no currículo. O autor chama a atenção para a arrasadora presença das culturas hegemônicas nas propostas curriculares e o silenciamento ou a negação das culturas advindas dos grupos sociais marginalizados. As culturas infantis, juvenis e da terceira idade, as etnias minoritárias ou sem poder, o mundo feminino, a sexualidade homossexual, a classe trabalhadora e o mundo das pessoas pobres, o mundo rural e litorâneo, as pessoas com deficiências físicas e/ou psíquicas e as vozes do Terceiro Mundo são exemplos de culturas que têm merecido pouca atenção nos programas escolares.

Os Estudos Culturais se preocupam em incorporar as formas culturais dos grupos sociais (que durante longo tempo ficaram à margem das narrações históricas) por meio de uma leitura crítica focalizada na desconstrução de discursos que reforcem as injustiças sociais ou preconceitos de qualquer natureza (sexualidade, gênero, etnia, idade, classe etc.). Essa pedagogia tenta oferecer aos estudantes os meios críticos para negociar e traduzir criticamente suas próprias experiências e formas de conhecimento subordinado (MCLAREN, 2000a, p. 43). O ganho pedagógico de uma abordagem desse tipo, segundo Giroux (1995, p. 99), é que ela torna disponível aos estudantes aquelas narrativas, histórias locais e memórias subjugadas que foram excluídas e marginalizadas nas interpretações dominantes da história.

As elaborações dos Estudos Culturais a respeito da identidade e da diferença deixam claro que as relações sociais assimétricas de poder estabelecem o jeito certo de ser e afirmam as experiências que valem (NEIRA; NUNES, 2009a, p. 202). Uma concepção de currículo inspirada nos Estudos Culturais atua nessas relações de poder, questionando as formas dominantes que estabelecem o padrão a ser seguido pelo restante da população. Duvidando das "verdades" estabelecidas pelos grupos hegemônicos, o currículo que se inspira por esse campo teórico procura possibilitar ao outro (ao "diferente") a oportunidade para construir sua própria representação na cultura (p. 203). Esse currículo não reconhece apenas a diversidade entre culturas, mas também a diversidade no interior de cada cultura. As análises produzidas pelos Estudos Culturais fornecem meios para a afirmação e legitimação das diferentes culturas que adentram o universo escolar.

3.2.4 A influência dos estudos culturais no currículo de educação física

Principalmente após a publicação do livro "Metodologia do Ensino de Educação Física", de Soares et al. (1992), a literatura mais difundida sobre a Educação Física escolar que busca uma aproximação da área com as ciências humanas, a cultura corporal é definida como o objeto de estudo do componente curricular. Diversas propostas curriculares, apresentadas em documentos oficiais de Secretarias de Educação espalhadas pelo território brasileiro e variadas produções acadêmicas, concebem a Educação Física escolar como a área de conhecimento que trata das manifestações da cultura corporal, expressas por meio de jogos, esportes, danças, lutas, ginásticas e demais práticas corporais.

É importante alertar, entretanto, que o conceito de cultura é polissêmico. As inúmeras propostas que relacionam a Educação Física às análises culturais movem-se por caminhos epistemológicos diferentes. Atentar-se para essa situação é fundamental, à medida que muitas dessas propostas acabam por reduzir a complexidade que o termo "cultura" carrega. A construção do currículo de Educação Física, fundamentado nos trabalhos desenvolvidos pelos Estudos Culturais, tem, como premissa básica, interpretar a cultura sempre a partir das relações de poder, nas quais conflitos são travados em torno da legitimação das práticas corporais.

Segundo Neira e Nunes (2009b), em meio a essa luta em torno da significação, validam-se argumentos que favorecem alguns e criam-se desigualdades para outros. Os currículos de Educação

Física nada mais são do que tentativas de imposição cultural (p. 11).

O/a professor/a que privilegia, em suas aulas, o ensino dos esportes tradicionais (Futsal, Handebol, Voleibol e Basquetebol) impede os/as estudantes, que se identificam com outras práticas corporais, de afirmarem suas próprias experiências, de estudarem as manifestações culturais pertencentes ao seu meio social. Praticar Estudos Culturais na Educação Física é, antes de tudo, questionar as manifestações dominantes, suas formas de exclusão e fixação, e validar as demais produções culturais disponíveis na sociedade (p. 11).

Para Neira e Nunes (2009b), os seres humanos, quando brincam, dançam ou praticam esportes, se comunicam por meio da linguagem corporal (gestualidade). Os autores identificam que, por meio dos gestos, as pessoas se comunicam e expressam intencionalidades e modos de ser, pensar e agir, de acordo com as características do grupo cultural ao qual pertencem ou estabelecem vínculos. O corpo atua como suporte textual, e nele se inscrevem a história e a trajetória dos indivíduos e da cultura. A construção do gênero, em determinada sociedade, pode revelar, por exemplo, quais gestos (formas de sentar, andar, gesticular) são adequados ou não para homens ou para mulheres. Na mesma base de raciocínio, conseguimos facilmente diferenciar um grupo de skatistas de um grupo de praticantes de *jiu-jitsu*, não só pelas vestimentas, mas também pelas formas de andar, pelas expressões utilizadas para se comunicar, pela postura, pelo biótipo etc. O corpo, nesse sentido, é entendido como suporte de uma linguagem que manifesta a cultura na qual alguém está inserido (p. 17).

A prática pedagógica da Educação Física, pautada nas elaborações dos Estudos Culturais, interessa-se em analisar de que forma o poder e o significado são utilizados para definir ou legitimar os padrões culturais da sociedade. Na abordagem cultural, não basta movimentar-se. É preciso, além disso, estudar com profundidade todas as formas de pedagogia cultural que influenciam e, de certo modo, moldam as identidades dos/as estudantes. Os discursos produzidos pelos diversos veículos de comunicação (televisão, revistas, cinema, internet) acerca das práticas corporais, ganham espaço nas aulas de Educação Física, sendo interpretados e questionados por meio de uma visão crítica da realidade.

Seguindo a linha teórica dos Estudos Culturais, as aulas de Educação Física podem abrir espaços de discussão acerca dos padrões de beleza e das referências de "vida saudável" divulgados nas novelas, filmes, jornais e propagandas televisivas. É comum encontrar, em capas de revistas, manchetes que prometem um corpo "sarado" em poucos dias ou fornecem receitas "milagrosas" de emagrecimento, impondo o modelo de corpo a ser seguido pela população. Do mesmo modo, narrativas e discursos preconceituosos, e muitas vezes machistas, promulgados por comentaristas esportivos no rádio e na televisão, atuam nas subjetividades das pessoas, produzindo identidades e representações.

Na perspectiva cultural da Educação Física, os textos explorados pela indústria cultural recebem tratamento minucioso e são estudados sempre a partir das relações de poder.

Quem definiu esse conhecimento como verdade? Quem determinou o padrão cultural a ser seguido? Essa forma de conceber esse tipo de conhecimento favorece a qual grupo social? Quem se beneficia e quem sai prejudicado nos diferentes discursos produzidos pelas mídias?

O ponto de interrogação alocado no centro da pedagogia cultural oferece um potencial para a formação de uma cidadania ativa e crítica, capaz de questionar as "verdades" consagradas pela ciência e desafiar as narrativas manifestadas pelos grupos dominantes. Em um currículo de Educação Física, inspirado pelos Estudos Culturais, o slogan do esporte como veículo de integração social ou como sinônimo de saúde passa a ser interrogado a partir da análise do contexto em que se produziu tal discurso e quem é favorecido por tal afirmação. Na perspectiva cultural, os inúmeros escândalos de *doping* no esporte, os casos de desvio de dinheiro público que circundam a organização dos grandes eventos esportivos, o superfaturamento de multinacionais que comercializam materiais esportivos, a exploração do trabalho infantil em países de Terceiro Mundo na confecção de bolas e chuteiras, o aumento exorbitante dos preços de ingressos em partidas de Futebol, a própria máfia dos cambistas, a fixação de horários dos jogos de Futebol, atendendo a interesses das emissoras de televisão, os vários casos de falsificação de documentos que alteram a idade de atletas que enxergam na fraude o único meio de vencer no esporte, entre outros acontecimentos, não passariam impunes pelo olhar do/a professor/a seriamente comprometido/a com a formação de sujeitos contestadores.

Não se trata, porém, de um tipo de pedagogia pessimista, preocupada apenas em deflagrar o lado negativo das práticas esportivas ou de qualquer outra manifestação da cultura corporal. É inegável o fato de que, em um país como o Brasil, marcado pelas desigualdades sociais, o esporte, em especial o Futebol, constitui um dos poucos meios de pessoas advindas das classes desfavorecidas economicamente obterem êxito profissional de maneira idônea. Existem incontáveis benefícios físicos, sociais e psicológicos provenientes da prática da atividade física. O que está em jogo na perspectiva cultural da Educação Física é a multiplicidade de significados impressos nos textos culturais, e a necessidade da escola enquanto espaço democrático é debater essas questões a partir de diferentes enfoques, fornecendo condições para os/as estudantes atuarem criticamente em uma sociedade mais ampla.

No currículo inspirado pelos Estudos Culturais, todas as manifestações da cultura corporal recebem o mesmo tratamento, independentemente do espaço que possuem na mídia. O currículo cultural da Educação Física destaca-se pela aproximação entre o conhecimento acadêmico escolar e as produções culturais que fazem parte do cotidiano das pessoas. Jogos e brincadeiras populares (peteca, pião, jogo de cartas, jogo de bafo, jogo de taco); as danças de rua e os ritmos urbanos (*funk*, *rap*, samba, eletrônico, *reggae*, *rock and roll*); os esportes radicais (patinação, *skate*, *surf*, *le parkour*); os jogos eletrônicos; as atividades circenses (malabares, perna-de-pau, acrobacias); os jogos de luta (infantis, queda de braço, cabo-de-guerra); a capoeira; os jogos indígenas, entre outras produções culturais, são tematizadas, recebendo o mesmo prestígio de outras práticas corporais que sempre dominaram as aulas do componente curricular, como o Voleibol, o Handebol, o Basquetebol, o Futebol, o Atletismo e a Ginástica de Competição.

Para a escolha dos conteúdos que serão trabalhados nas aulas de Educação Física sob o enfoque cultural, o/a docente pode buscar os temas geradores a partir da investigação da realidade concreta, das situações vividas pelos/as estudantes e pela comunidade local. É de suma importância identificar os saberes prévios que os/as estudantes possuem acerca da temática a ser estudada. O/a professor/a pode utilizar estratégias que lhe possibilite conhecer as práticas corporais que fazem parte do universo cultural dos/as estudantes e de seus familiares; pode investigar quais espaços podem ser aproveitados para o desenvolvimento das aulas e os locais do bairro onde as práticas corporais acontecem, e, por meio do diálogo, pode desvelar as "situações-limite" que se encontram encobertas nos temas. Para Freire (2005), essas "situações-limite" apresentam-se às pessoas como se fossem determinantes históricas, esmagadoras, em face das quais não lhes cabe alternativa senão adaptar-se.

A dialogicidade da educação começa com a investigação temática. Na busca por temas significativos que serão abordados nas aulas, os/as estudantes são constantemente estimulados/as pelo/a docente a emitirem opiniões acerca da temática. Ao promover o diálogo, o/a professor/a pode identificar possíveis situações de opressão (de classe, gênero, sexualidade, etnia etc.) presentes nos diferentes discursos dos/as estudantes acerca das manifestações da cultura corporal. Na pedagogia freireana, diálogo é práxis, ou seja, abarca necessariamente duas dimensões interdependentes: ação e reflexão. Em meio a essa ótica, o diálogo está intrinsecamente comprometido com a transformação de uma realidade concreta.

Caso a temática escolhida para ser abordada for a ginástica, por meio do diálogo o/a docente pode identificar, nos discursos dos meninos, certa rejeição ou preconceito perante a manifestação. Os meninos, a partir de suas próprias experiências prévias acerca da ginástica, obtidas por meio de diversos canais de comunicação (linguagem de rua, dos jornais, das revistas, dos programas televisivos), podem se posicionar afirmando que ginástica é "coisa de menina". Nesse jogo de poder, podem ainda oferecer resistência a estudar essa manifestação, dizendo que gostariam apenas de jogar Futebol.

A partir da ginástica, então, abre-se um "leque temático", no qual novos temas, como "as relações de gênero presentes nas práticas corporais" ou a "influência da mídia na construção das identidades" podem emergir. Segundo Paulo Freire, o diálogo necessariamente exige o pensar crítico. O/a professor/a, diante das diferentes e, às vezes, contraditórias opiniões proclamadas pelos/as estudantes, pode intervir com questionamentos que incitem o debate democrático, procurando identificar os motivos pelos quais os garotos rejeitam tal manifestação. A partir da problematização dos temas expostos, a situação existencial, que parece incontestável e imutável, ou os discursos muitas vezes fatalistas, transformam-se em objetos de discussão e análise crítica.

Buscando a compreensão dos porquês das situações de discriminação, estratégias de ressignificação podem ser utilizadas pelo/a docente, como a apresentação de vídeos que mostram homens praticando ginástica artística, solicitação de pesquisa em jornais, revistas e internet acerca das diferentes modalidades de ginástica e de seu contexto histórico, entrevista com praticantes de ginástica nas academias, entre outras. Para Silva (2009), duas tendências se encontram sob tensão nos Estudos Culturais: as pesquisas de terreno, sobretudo etnográficas, e as interpretações textuais. Dessa forma, nas aulas de Educação Física inspiradas pelos Estudos Culturais, os/as estudantes são estimulados/as a pesquisarem o terreno cotidiano onde as práticas corporais se desenvolvem (rua, clubes, parques, academias) e interpretarem os diferentes textos (notícias divulgadas nas mídias, imagens dos *outdoors*, novelas, gestualidade embutida nas práticas corporais etc.) que inventam sentidos e contribuem na formação de identidades e representações.

As práticas corporais, muitas vezes marginalizadas, na ótica dos Estudos Culturais ganham espaço no currículo escolar, sendo legitimadas, constituindo-se em objeto de estudo. Praticar Estudos Culturais no currículo de Educação Física significa estar atento às relações sociais (formações de classe, divisões sexuais, estruturação racial etc.) que impõem significados às práticas corporais. Nesse campo de luta em torno da significação, discursos são produzidos pela cultura dominante na tentativa de invalidar as práticas provenientes dos grupos desprivilegiados de poder. Nesses discursos hegemônicos, durante anos, a capoeira foi considerada subversiva, sua prática foi proibida e duramente reprimida. Em muitas escolas brasileiras se proíbe o jogo de cartas e o dominó, que fazem parte da cultura dos grupos minoritários, e se privilegia o jogo de xadrez (passatempo preferido da sociedade aristocrática europeia na Idade Média e proibida entre os pobres).

A fim de legitimar as produções culturais que costumeiramente foram negadas pelo currículo da Educação Física, o/a docente inspirado/a pelos Estudos Culturais pode propor novas formas de brincar, de praticar determinado esporte, de dançar etc. Caso a manifestação cultural elegida para fazer parte das aulas for o Futebol, os alunos e alunas podem mostrar as diferentes formas de praticar essa modalidade esportiva. Vivenciando o jogo de botão, a rebatida, o bobinho, o futebol de prego, o gol a gol, o futebol de videogame, o futebol soçaite, o futsal, o futebol de campo, e tantas outras práticas relacionadas à cultura do futebol, os/as estudantes têm a possibilidade de expor suas experiências e conhecer as produções de outros grupos culturais. Ao abrir espaço para a participação coletiva, o/a docente proporciona condições pedagógicas para o grupo se posicionar, manifestar e produzir.

Não basta, entretanto, simplesmente vivenciar e reconstruir as práticas corporais. Para Neira e Nunes (2009b, p. 34), na pedagogia cultural é fundamental que os alunos e alunas ampliem e aprofundem os conhecimentos acerca da manifestação focalizada em seu período letivo. Como alertam os autores,

> Se o que se pretende é formar os cidadãos para uma atuação crítica, democrática e transformadora da sociedade, é preciso que os conhecimentos adquiridos através de atividades de

ensino possibilitem leitura, interpretação e ação, não só no interior da escola mas também no cotidiano das relações sociais (p. 34).

Segundo Neira e Nunes, o aprofundamento pode ocorrer por meio de atividades de ensino que promovam a leitura, interpretação e construção de textos, análise de imagens, músicas e vídeos, realização de entrevistas com convidados/as e socialização dos saberes aprendidos com a comunidade escolar (p. 43). Divergências de opiniões sobre determinado assunto, relações desiguais de poder nas práticas corporais, diferentes tipos de preconceito relacionado à idade, preferência sexual, religião, classe social ou nacionalidade poderão emergir de uma leitura crítica da manifestação corporal estudada. Ao aprofundar os conhecimentos acerca das práticas corporais, os/as estudantes podem confrontar diferentes ideias, desafiar as narrativas dominantes, valorizar e respeitar as experiências de outras culturas e transformar as representações distorcidas que foram construídas no cotidiano.

Pesquisando com profundidade alguns estilos musicais, os/as estudantes poderão descobrir o contexto social no qual se originaram essas formas culturais e perceber que as manifestações da cultura corporal estão imbricadas pelas relações de poder. Na perspectiva cultural da Educação Física, ao estudar o *rock and roll*, por exemplo, os/as estudantes, mais do que aprenderem seus passos, poderiam compreender que na década de 1960, esse estilo musical representou um movimento de contestação dos/as jovens sobre os valores tradicionais da época, questionando o poder militar e econômico. Estudando a música reggae com seriedade, os/as estudantes perceberiam o ativismo político de Bob Marley (o ícone desse estilo musical), que criticava, em suas canções, entrevistas e aparições públicas, o regime de seu país (Jamaica), o Apartheid na África do Sul, o cenário belicista da Guerra Fria e outros temas candentes na década de 1970.

Ao aprofundar as temáticas de ensino, as relações de poder que marcam as produções culturais afloram e os/as estudantes podem compreender os discursos que tentam legitimar ou invalidar uma prática corporal ou outra. Ao interpretar os discursos veiculados na mídia, os/as discentes podem questionar o privilégio que certas práticas corporais recebem nesses espaços e, consequentemente, a ausência ou crítica desferida sobre as práticas corporais advindas dos grupos desfavorecidos. Que espaço é reservado para as mulheres nos programas esportivos? Que padrões de beleza são estabelecidos nas novelas e propagandas televisivas? Quais conceitos de saúde e qualidade de vida são amplamente difundidos pelos veículos de comunicação? Por que as produções culturais dos grupos orientais são consideradas exóticas? No currículo de Educação Física inspirado pelos Estudos Culturais, essas questões são analisadas criticamente, possibilitando novas maneiras de enxergar o mundo e as relações sociais.

Para ampliar os saberes de determinada prática corporal, o professor ou a professora pode convidar especialistas e praticantes da manifestação cultural ou propor visitas a locais onde esta acontece. Se o/a docente estiver desenvolvendo a temática da ginástica com os/as alunos, uma visita à academia proporcionaria a ampliação de conhecimentos acerca dessa prática. Sob a mesma ótica, o/a docente poderia levar os/as discentes onde essa prática ocorre com frequência, como parques, bosques, clubes etc. Ao trabalhar com as atividades circenses, o/a docente pode propor uma visita a uma escola de circo ou convidar malabaristas ou mágicos/as para realizarem alguma atividade na escola. Eventos de capoeira, mostras de dança, feiras de esportes radicais e campeonatos esportivos podem constituir excelentes espaços de aprendizagem. O/a professor/a ainda pode convidar atletas ou praticantes de judô, ioga, patins, *skate*, *surf* ou escalada para proferir uma palestra ou realizar uma demonstração na escola, promovendo a aprendizagem de novos conteúdos, ampliando a bagagem cultural dos/as educandos.

4. A pesquisa realizada

4.1 Orientações curriculares para o ensino fundamental – ciclo II de Educação Física da SME/SP

Retomando o objetivo desta pesquisa, neste capítulo analisar-se-á de que maneira a proposta curricular, apresentada pela SME/SP, para a área de Educação Física favorece a prática pedagógica pautada nos pressupostos teóricos do multiculturalismo crítico e dos Estudos Culturais. Foi escolhido, como o objeto de estudo para análise e interpretação, o documento "Orientações Curriculares e Proposição de Expectativas de Aprendizagem para o Ensino Fundamental – ciclo II", pois este apresenta uma concepção mais aprofundada da área de Educação Física, enquanto que o mesmo documento, direcionado para o Ciclo I, a partir de uma decisão coletiva da SME/SP, foi escrito em conjunto com o componente curricular de Artes.

Antes de analisar esse material, é importante retomar, brevemente, a trajetória que deu origem à sua construção. Para coletar maiores dados e informações sobre como se deu o processo de construção da proposta curricular da área de Educação Física, foram entrevistados os dois elaboradores que contribuíram significativamente para a escrita dessa parte da pesquisa.

4.1.1 A trajetória de construção do documento

Em 2006, houve um processo na Prefeitura, na transição do governo de José Serra para o governo de Gilberto Kassab[4], de estabelecer o Programa "Ler e Escrever" em todas as áreas de conhecimento. Nesse momento, a Diretoria de Orientação Técnica da SME/SP estipulou, como uma de suas prioridades na rede municipal de ensino, a formação de uma comunidade de leitores e escritores (SME/DOT, 2006). Para isso, a equipe da DOT, especialistas e docentes da rede municipal de ensino elaboraram "Cadernos de Orientações Didáticas", assim denominado pela SME/SP, com o intuito de auxiliar o trabalho dos professores e professoras no desenvolvimento da competência leitora e escritora dos/as estudantes.

A Educação Física, inserida nesse processo, precisou, por meio de sua equipe de especialistas (da DOT) e docentes da Rede Municipal de Ensino, pensar a área de conhecimento inserida no Programa "Ler e Escrever". No ano de 2006, foi elaborado, portanto, o documento "Referencial de expectativas para o desenvolvimento da competência leitora e escritora no ciclo II do Ensino Fundamental", para a área de Educação Física.

Ao entrevistar um dos elaboradores desse caderno, a ideia do que significava "ler e escrever" em Educação Física foi abordada:

[...] ler em Educação Física não é ler texto e nem escrever textos gráficos, mas sim a leitura do gesto. E que esses recur-

---
[4] Em 2006, o prefeito de São Paulo, José Serra, renunciou ao cargo para se candidatar ao Governo do Estado de São Paulo. Na ocasião, Gilberto Kassab assumiu o cargo no dia 31 de março do mesmo ano.

sos, a leitura do texto, a escrita do texto escrito, seriam como recursos para melhorar a leitura daquilo que se vê em relação ao gesto, o gesto simbólico [...] (Elaborador 1[5])

É importante destacar que os elaboradores desse caderno de Educação Física são autores de livros da área, e que, em 2006, haviam acabado de publicar a obra "Pedagogia da Cultura Corporal", na qual se defendia uma perspectiva curricular para a Educação Física que concebia o movimento humano como forma de linguagem.

[...] e nesse livro, coincidentemente, a gente vinha discutindo o que é ler e escrever em Educação Física. Então a leitura seria a leitura da gestualidade embutida nas práticas corporais; e a escrita seria a produção de novos textos da cultura corporal, ou seja, brincadeiras. E nesse livro, o que a gente está colocando, não se trata de ler e escrever no código alfabético. A Educação Física é aquela disciplina que vai ser responsável pela interpretação e produção de textos culturais corporais. (Elaborador 2[6])

O documento "Referencial de expectativas para o desenvolvimento da competência leitora e escritora – ciclo II do Ensino Fundamental" apresenta a área de Educação Física sob o enfoque

---

[5] É mestre em Educação pela Universidade de São Paulo (2006). Atualmente, realiza pesquisa em nível de doutoramento em Educação na Faculdade de Educação da Universidade de São Paulo, área de Didática, Teorias de Ensino e Práticas Escolares. É professor da Unítalo – Centro Universitário Ítalo-Brasileiro e líder do Grupo de Pesquisas em Educação Física Escolar da FEUSP/CNPq.

[6] É licenciado em Educação Física e Pedagogia, com Mestrado e Doutorado em Educação, Pós-Doutorado em Currículo e Educação Física e Livre-Docência em Metodologia do Ensino de Educação Física. Atualmente, é professor da Faculdade de Educação da Universidade de São Paulo, onde atua nos cursos de Graduação e Pós-Graduação e orienta pesquisas em nível de iniciação científica, mestrado e doutorado.

cultural, sendo a concepção de cultura ancorada nos pressupostos dos Estudos Culturais. Assim, diferente de outras propostas curriculares que entendem a cultura como algo estático, consensual ou a partir de uma visão pluralista, nesse documento a cultura é vista como um espaço de luta e resistência.

> [...] uma vez que ela não é apenas um conjunto de modos de vida, mas de práticas que expressam significados que permitem aos grupos humanos regular e organizar todas as relações sociais. Nessa perspectiva, toda e qualquer ação social expressa ou comunica um significado (...). A cultura, assim entendida, constitui-se em relação social. Contudo, nem sempre há consenso nas relações. Nelas, travam-se lutas para que ocorra a validação dos significados de um grupo sobre o outro. (SME/DOT, 2006, p. 17).

Nesse material de 2006, seus elaboradores criticam as propostas curriculares de Educação Física em que há o predomínio e a imposição da apropriação de determinada linguagem corporal já elaborada e padronizada (p. 23), e defendem uma concepção de currículo que promova a leitura do repertório gestual, dos diferentes grupos sociais, por meio da interpretação e compreensão dos códigos culturais expressos nas práticas corporais. Para finalizar, alguns relatos de experiências são apresentados no documento, oferecendo subsídios para os/as docentes desenvolverem a competência leitora e escritora nas aulas de Educação Física.

Optou-se em revisitar essa trajetória, pois o documento seguinte – "Orientações Curriculares e Proposição de Expectativas de Aprendizagem para o Ensino Fundamental – ciclo II" – que é o objeto de estudo desta pesquisa, é construído pelos mesmos elaboradores do "Referencial de expectativas para o desenvolvimento da competência leitora e escritora no ciclo II do Ensino Fundamental". Portanto, existe uma sintonia na concepção de Educação Física apresentada em ambos os documentos.

Em 2007, a SME/SP lançou o Programa de Orientação Curricular do Ensino Fundamental, no qual cada área de conhecimento deveria elaborar um documento "Orientações Curriculares e Proposição de Expectativas de Aprendizagem". Segundo Alexandre Alves Schneider, Secretário Municipal de Educação, a construção desse documento se deu de forma coletiva, sendo organizado por

> [...] especialistas de diferentes áreas de conhecimento e coordenado pela Diretoria de Orientação Técnica. Foi submetido a uma primeira leitura realizada por grupos de professores, supervisores e representantes das Coordenadorias de Educação que apresentaram propostas de reformulação e sugestões. Na sequência, foi encaminhado às escolas para ser discutido e avaliado pelo conjunto dos profissionais da rede. (SME/DOT, 2007).

Esse processo de construção coletiva, que já havia acontecido com o documento anterior, referente ao Programa "Ler e Escrever", é evidenciado por um de seus elaboradores:

> No início de 2007, começou a escritura desse documento, com a participação dos professores da rede. E essa foi a grande diferença, porque novamente foi reestruturado o Grupo Re-

ferência, dessa vez ampliado com maior número, com todos ali reunidos. E esse Grupo Referência tinha uma dupla função (...) ao mesmo tempo em que eles participavam dessas reuniões conosco lá na SME, discutindo o texto, eles também faziam um movimento nas DREs, chamado Sala do Professor, que eram reuniões de formação e discussão nas DREs. Então a ideia era que, de alguma maneira, a rede estivesse discutindo essas coisas. (Elaborador 2)

Reconhece-se que seria ingênuo realizar afirmativas, em torno desse processo de elaboração do documento, escutando apenas as representações de seus elaboradores. Para tanto, seria necessário entrevistar tanto os professores e professoras que fizeram parte dessa construção, como aqueles/as que não participaram desse processo. Pelo próprio objetivo desta pesquisa, não pretende-se analisar de que forma esse documento foi construído e tampouco interpretar a sua inserção nas Escolas Municipais de São Paulo. Este trabalho limita-se a analisar o documento fornecido pela SME/SP, que foi elaborado no ano de 2007, chegando às escolas no início de 2008.

4.1.2 A estrutura do documento e a concepção da área de educação física defendida

O documento "Orientações Curriculares e Proposição de Expectativas de Aprendizagem para o Ensino Fundamental – ciclo II" para a área de Educação Física é composto por cinco capítulos:

- Parte 1: Apresentação do programa; Articulação do Programa com os projetos em desenvolvimento (Toda força ao 1º ano, Projeto Intensivo no ciclo I; e Ler e Escrever em todas as áreas no ciclo II) e Articulação do Programa com o Projeto Pedagógico das escolas;
- Parte 2: Fundamentos legais e articulação entre as áreas de conhecimento; Aprendizagem, ensino e avaliação; Critérios para a seleção de expectativas de aprendizagem e Aspectos a serem considerados para a organização de expectativas de aprendizagem nas U.E.;
- Parte 3: Finalidades do ensino de Educação Física no Ensino Fundamental; Objetivos gerais de Educação Física para o Ensino Fundamental; Pressupostos norteadores da construção curricular de Educação Física e Critérios de seleção das expectativas de aprendizagem e de sua organização;
- Parte 4: Quadro de expectativas de aprendizagem por ano;
- Parte 5: Orientações didáticas; A interdisciplinaridade; Organização das atividades de ensino; A avaliação; Projetos e Relatos de Experiência.

As partes 1 e 2 são comuns a todos os componentes curriculares. Assim, serão analisadas as partes 3, 4 e 5, que se referem especificamente ao currículo de Educação Física. Ao traçar o contexto histórico da Educação Física, enquanto elemento da escolarização básica, os elaboradores do material tecem críticas às perspectivas curriculares esportivistas, psicomotoras, desenvolvimentistas e da educação para a saúde, pois essas vertentes interpretam o fenômeno da motricidade humana (objeto de estudo da área) por meio de uma construção teórica alheia ao ambiente escolar.

Nos currículos esportivistas, psicomotores e desenvolvimentistas, a ação motora é pautada por princípios psicobiológicos, isolando-se do seu contexto sociocultural, contribuindo para a construção metafórica do *corpo-máquina* (SME/DOT, 2007, p. 31). Entretanto, no currículo "saudável", a motricidade ancora-se nos estudos da fisiologia e, ao visar a melhoria da saúde e da qualidade de vida por meio de conteúdos que levem os/as estudantes à realização de programas de exercícios de forma autônoma, esse currículo contribui para a representação do *corpo consumidor*. Ainda sob esse enfoque, os elaboradores do caderno criticam as aulas de Educação Física que tem, como uma das finalidades, a descarga da energia acumulada nas tarefas cotidianas (emprego, escola etc.). Para os autores da proposta, ao preocupar-se em apenas ampliar ao máximo as oportunidades de movimentação, essas intervenções pedagógicas são desprovidas de significados para os sujeitos.

Os discursos políticos e pedagógicos, que a partir dos anos 1980 incorporaram termos como democracia, direitos humanos, justiça social, igualdade de acesso e oportunidades etc., nas propostas curriculares de Educação Física, apesar de contribuirem para a reconfiguração da identidade da área, por meio das ciências da educação, também são alvos de crítica por parte dos autores da proposta curricular da SME/SP.

[...] as "inovações" executadas limitaram-se às estratégias empregadas pelos professores sem que fossem elaborados quaisquer questionamentos acerca da validade dos conteúdos, quem os havia definido ou sua história. Consequentemente, embora os métodos de ensino tenham sofrido transformações, os objetivos do componente permaneceram. (SME/DOT, 2007, p. 33).

Nesse trecho, pode-se observar a primeira aproximação do documento da SME/SP com as teorias críticas e pós-críticas de currículo. Diferentemente das teorias tradicionais, que se limitam à discussão em torno do que ensinar, a questão central das teorias críticas e pós-críticas não é exatamente "o quê?", mas "por quê?". Silva (2009, p. 16) explicita essa preocupação com as seguintes questões: Por que esse conhecimento e não outro? Quais interesses fazem com que esse conhecimento, e não outro, esteja no currículo? Por que privilegiar um determinado tipo de identidade ou subjetividade e não outro?

O documento "Orientações Curriculares" da SME/SP para a Educação Física concebe a motricidade como uma forma de comunicação e expressão.

[...] homens e mulheres, por meio dos seus gestos (movimentos com significados culturais), socializam e transmitem seus modos de ver o mundo, seus sentimentos, valores, enfim, sua cultura, consubstanciados nas manifestações corporais sistematizadas, produzidas, reproduzidas e transmitidas de geração a geração, ou seja, a sua cultura corporal. (SME/DOT, 2007, p. 33).

No trecho, os elaboradores do documento anunciam a perspectiva cultural como norteadora da proposta curricular de Educação Física, sendo que o "movimentar-se" expressa intencionalidades, constituindo a metáfora do corpo-cidadão. O currículo de Educação Física é compreendido como espaço para análise, discussão, vivência, ressignificação e ampliação dos saberes relativos à cultura corporal (p. 35). Ao conceber o movimento humano como uma forma de linguagem histórico-socialmente fundada, os elaboradores da proposta criticam as ações didáticas que visam à melhoria da saúde ou do desenvolvimento motor.

O documento da SME/SP destaca a importância da articulação da Educação Física com o Projeto Pedagógico da escola na perspectiva de contribuir para a construção de uma prática pedagógica direcionada à transformação social por meio da formação dos/as estudantes para a participação na vida pública. Essa perspectiva está em consonância com o pensamento de Giroux (1992), que propõe uma pedagogia como forma de política cultural, na qual os/as educadores/as radicais precisam construir estratégias políticas para a participação em movimentos sociais engajados na luta, de forma que a escola seja uma esfera pública democrática.

Na proposta curricular fornecida pela SME/SP, as finalidades da Educação Física são:

> [...] garantir ao educando o acesso ao patrimônio da cultura corporal historicamente acumulado por meio da experimentação das variadas formas com as quais ela se apresenta

na sociedade, analisar os motivos que levaram determinados conhecimentos acerca das práticas corporais à atual condição privilegiada na sociedade, como, também, refletir sobre os conhecimentos veiculados pelos meios de comunicação de massa e os saberes da motricidade humana reproduzidos pelos grupos culturais historicamente desprivilegiados na escola (SME/DOT, 2007, p. 35).

Essas finalidades indicam uma forte influência dos trabalhos desenvolvidos pelo multiculturalismo crítico e pelo campo teórico dos Estudos Culturais, principalmente no que se refere à busca pela legitimação dos saberes advindos dos grupos minoritários, o questionamento em relação à hegemonia das produções culturais pertencentes à classe dominante e à incorporação de outras formas de pedagogia (televisão, internet, revistas etc.) no currículo escolar. O principal objetivo da Educação Física, em sua perspectiva cultural apontada pelo documento da SME/SP, é promover uma pedagogia que considere

> [...] o contexto sociocultural da comunidade escolar, e, por conseguinte, as diferenças existentes entre os alunos para, a partir delas e dos saberes culturais construídos fora dos muros escolares, desenvolver condições de equidade. (SME/DOT, 2007, p. 36).

O direito à diferença e à pluralidade cultural são condições básicas da proposta curricular da SME/SP. Porém, o que distingue essa proposta de outros currículos de visão pluralista é a necessidade da reflexão crítica das diversas formas de representação cultural veiculadas pelas práticas corporais. Por meio da tematização das manifestações corporais,

> [...] tenciona-se fazer "falar" a voz de várias culturas no tempo e no espaço – da família, bairro, cidade, Estado, país, internacional, infantil, juvenil, adulta, sulista, nortista, nordestina, urbana, rural, afro, indígena, imigrante e tantas outras que habitam a sociedade brasileira contemporânea, além de problematizar as relações de poder presentes nas questões de gênero, etnia, religião, classe, idade, consumo, local de moradia, tempo de escolarização, ocupação profissional etc. que, costumeiramente, marcam as práticas corporais. (SME/DOT, 2007, p. 37).

Para Giroux (1992), é papel dos/as educadores/as confirmar e recuperar criticamente as linguagens polifônicas que seus alunos e alunas trazem para a escola, a fim de compreenderem e de questionarem os múltiplos e variados significados que constituem o discurso da "voz dos estudantes". McLaren (2000a) também defende uma pedagogia que ofereça aos/às estudantes os meios críticos para negociar e traduzir criticamente suas próprias experiências e formas de conhecimento subordinado.

A proposta curricular de Educação Física da SME/SP, ao valorizar a pluralidade cultural, a partir da problematização das relações de poder presentes nas práticas corporais, pode contribuir para que professores e professoras compreendam de que forma as forças culturais que produzem o racismo, o sexismo, os prejuízos de classe etc. moldam a conduta e a identidade dos/as estudantes, ajudando-os/as na superação dessas barreiras sociais (KINCHELOE; STEINBERG, 1999).

4.1.3 Os objetivos gerais de educação física à luz do multiculturalismo crítico e dos estudos culturais

A partir da análise dos objetivos gerais de Educação Física para o Ensino Fundamental, apresentados no documento da SME/SP, algumas categorias principais trabalhadas pelos/as teóricos/as do multiculturalismo crítico e dos Estudos Culturais foram identificadas.

A luta e o compromisso pela equidade e justiça social aparecem explicitamente nos seguintes objetivos:
- Valorizar e compreender as manifestações da cultura corporal como movimento de resistência e luta pelo reconhecimento da equidade social.
- Compreender, criar e adaptar, tanto a forma quanto o conteúdo, das manifestações da cultura corporal, recorrendo ao pré-requisito de participação equitativa de todos os componentes do grupo, da classe e/ou da escola (SME/DOT, 2007, p. 37-9).

Encontra-se, então, a necessidade de buscar o acordo em relação a um projeto coletivo de transformação social (MOREIRA; MACEDO, 2001) e o incentivo a tomadas de posição e ações

efetivas que levem ao ganho de estratégias para uma oposição ativa às condições de desigualdade (CANEN; OLIVEIRA, 2002) em:
- Validar as aulas de Educação Física, bem como a escola, como espaço de participação coletiva, visando à produção cultural e à transformação social.
- Elaborar hipóteses acerca da apropriação das manifestações da cultura corporal por parte de grupos corporativos e políticos, propondo ações esclarecedoras.
- Promover campanhas embasadas nos conhecimentos adquiridos, capacitando e envolvendo a comunidade próxima com vistas à transformação social. (SME/DOT, 2007, p. 37, 39).

O desenvolvimento de atividades democráticas em sala de aula, envolvendo a voz e a escolha dos alunos/as (CANEN; OLIVEIRA, 2002). Essa estratégia, utilizada pelos/as professores/as multiculturalistas críticos/as, é evidenciada em:
- Incentivar a manifestação de opiniões e ideias divergentes sobre os conhecimentos alusivos às práticas corporais, reconhecendo o diálogo como instrumento para a construção de sociedades democráticas.
- Participar das atividades propostas, resolvendo conflitos por meio do diálogo, respeitando as diferenças individuais e fomentando valores que privilegiem a participação colaborativa e a solidariedade.
- Compreender a necessidade e a importância dos acordos coletivos para concretizar as práticas corporais, bem como o atendi-

mento ao acervo de conhecimentos historicamente acumulados (SME/DOT, 2007, p. 38, 39).

O respeito e a valorização à diversidade cultural, outro compromisso firmado pelo currículo multicultural crítico, aparece em:
- Perceber, nas manifestações corporais, a expressão da própria individualidade e a dos sujeitos que compõem os diversos grupos culturais constituintes da sociedade.
- Afirmar, tanto a si próprio e aos colegas quanto aos sujeitos da sociedade mais ampla, como pertencentes a um dado grupo social, respeitando e valorizando a diversidade das suas formas de expressão corporal.
- Perceber a si, ao outro e ao mundo que o rodeia por meio da expressão, do intercâmbio e da manifestação de suas preferências e dos colegas, participando da construção de sua identidade corporal e do grupo/classe (p. 38).

A preocupação em relação à legitimação das produções culturais dos diferentes grupos sociais é identificada nos seguintes objetivos da proposta curricular de Educação Física da SME/SP:
- Compreender as práticas da cultura corporal como forma legítima de expressão dos grupos sociais.
- Reconhecer e legitimar a diversidade da cultura corporal manifestada nas diferentes formas de expressão, compreendendo-a como patrimônio cultural da humanidade (p. 37, 39).

A análise dos processos discursivos pelos quais as identidades são formadas, outra característica primordial para qualquer currículo fundamentado nos trabalhos desenvolvidos pelos/as teóricos/as do multiculturalismo crítico e dos Estudos Culturais, aparece nos objetivos que seguem:

- Compreender que o modo de participação nas vivências corporais reflete a identidade cultural de um grupo.
- Analisar, interpretar e criticar os padrões de estética e consumo veiculados pela mídia, compreendendo o sentido de sua produção e correlacionando-os à sua experiência pessoal e reconhecendo sua influência na formação de identidades.
- Identificar e adotar uma postura crítica frente às práticas discursivas acerca da cultura corporal que circulam na sociedade e que regulam comportamentos (p. 38, 39).

O questionamento dos estereótipos difundidos na sociedade, ação pedagógica proposta por Moreira e Macedo (2001) aos/às educadores/as multiculturalistas críticos/as, é identificado em:
- Potencializar a capacidade de leitura crítica acerca das construções estereotipadas das práticas corporais (SME/DOT, 2007, p. 38).

A incorporação no currículo de outras formas de pedagogia que se encontram fora da escola tradicional (televisão, internet, revistas etc.), analisando-as criticamente (GIROUX, 1995; SILVA, 2009), é outra preocupação da proposta curricular de Educação Física da SME/SP:

- Articular conhecimentos adquiridos com as formas pelas quais a indústria cultural cria produtos comerciais a partir das manifestações, adotando postura crítica quanto às suas formas de veiculação às distintas camadas sociais (SME/DOT, 2007, p. 39).

Pode-se identificar o questionamento às pressuposições tomadas como verdade absoluta e a essência fixa das coisas, preocupação dos/as teóricos/as dos Estudos Culturais, no seguinte objetivo:
- Argumentar, de forma coerente, acerca da imagem do corpo enquanto símbolo da sociedade contemporânea, reconhecendo as intenções que subjazem as concepções hegemônicas (p. 39).

Por último, encontra-se o combate a qualquer discriminação por classe social, gênero, etnia, sexualidade e outras, neste objetivo:
- Adotar atitudes de solidariedade e cooperação durante as vivências corporais, estabelecendo relações equilibradas com os outros, sem discriminá-los por características pessoais, físicas, sexuais, étnicas ou sociais (p. 39).

4.1.4 A relação entre as expectativas de aprendizagem e os pressupostos teóricos do currículo multicultural crítico

A proposta curricular construída pela SME/SP estabelece expectativas de aprendizagem a serem trabalhadas em cada um dos componentes curriculares. No processo de organização das expectativas de aprendizagem, cada escola pode organizar seus projetos de modo a atender suas necessidades e singularidades (p. 25). No segmento que se destina à Educação Física, os elaboradores da proposta estabeleceram três critérios de seleção e organização das expectativas de aprendizagem:

[...] o equilíbrio na distribuição das temáticas de estudo, tomando como referência os grupos culturais onde elas se originaram; o entendimento de que as diferenças entre grupos e pessoas são culturalmente construídas e a contextualização das práticas corporais no seu espaço de produção e reprodução. (p. 45).

Segundo os elaboradores da proposta, a distribuição equilibrada das manifestações da cultura corporal visa prestigiar a pluralidade dos grupos presentes na escola e na sociedade. Com esse critério, pretende-se que todas as manifestações sejam tratadas com a mesma dignidade: tanto as provenientes da elite econômica quanto as provenientes de outros povos e segmentos sociais; tanto as pertencentes aos grupos masculinos quanto aos femininos; as urbanas e as rurais etc.

Esse critério está diretamente relacionado ao conceito de justiça curricular proposto por Connell (1995). Assumir o conceito de justiça na seleção e organização do conhecimento, no currículo, significa adotar uma estratégia de reversão da hegemonia, ou seja, optar politicamente por um currículo contra-hegemônico. Segundo Connel, o critério da justiça curricular significa a tendência de uma estratégia educacional para produzir mais igualdade no conjunto global das relações sociais às quais o sistema educacional está vinculado. A necessidade de equilibrar a distribuição das diversas manifestações corporais, no currículo da Educação Física, exige do/a professor/a a organização de estratégias didáticas relacionadas às práticas corporais advindas dos grupos subordinados, geralmente ausentes do currículo que, costumeiramente, imperou na trajetória da área de conhecimento.

Também pode-se identificar uma aproximação desse critério para a seleção e organização das expectativas com a crítica pós-colonialista. Essa perspectiva, segundo Silva (2001, p. 192), radicaliza e aprofunda a crítica das relações de poder envolvidas na interação entre culturas nacionais dominantes e dominadas. Sua implicação para o currículo escolar está no questionamento dos discursos e narrativas que privilegiam apenas a cultura ocidental (euro-americana) como a cultura universal, inferiorizando as práticas culturais características dos povos do Terceiro Mundo. Uma perspectiva educacional que leve em conta as contribuições da crítica pós-colonialista precisa, necessariamente, abrir espaços para que o Outro seja representado no currículo, de forma que suas práticas culturais deixem de ser vistas como exóticas ou inferiores à cultura tida como universal. A proposta curricular da SME/SP explicita a necessidade de tratar as manifestações populares (Peteca, Capoeira, Maculelê, Dominó, Jogos de Cartas etc.) com a mesma dignidade das práticas corporais euro-americanas, brancas, masculinas e oriundas da elite econômica (Futebol, Handebol, Voleibol e Basquetebol), que historicamente dominaram as aulas de Educação Física.

Outro critério, apontado pelos elaboradores da proposta curricular, é o cuidado para não homogeneizar a diversidade cultural apresentada pelos/as alunos/as. Dessa forma, professores e professoras devem estimular os/as estudantes a transformarem e reconstruírem as manifestações, adequando-as às características do grupo.

Pode-se encontrar similaridade desse critério com a postura defendida por Stoer e Cortesão (1999), apud Moreira (2002), que defende o ato de evitar o daltonismo cultural. Essa postura traz como primeira implicação para a prática pedagógica a rejeição de uma perspectiva monocultural. Segundo esses autores, o/a professor/a daltônico/a cultural é o/a que não se mostra sensível à heterogeneidade, considerando que todos/as os/as estudantes são idênticos/as, com saberes e necessidades semelhantes, o que o/a exime o professor/a de diferenciar o currículo e a relação pedagógica que estabelece em sala de aula. Para evitar o daltonismo cultural, o/a professor/a de Educação Física precisa enxergar a diversidade dos/as alunos/as não como um problema, mas como um potencial recurso de enriquecimento, quer por permitir uma educação na qual interagem experiências sociais múltiplas, quer por desenvolver competências para o viver e conviver com o diferente, evitando atos de discriminação de qualquer ordem (LEITE, 2002).

O último critério implica uma análise sócio-histórica e política das práticas corporais tematizadas, com o intuito de superar a alienação provocada pela veiculação de informações distorcidas pela mídia, reconhecendo uma nova visão sobre os saberes corporais valorizados ou marginalizados na sociedade.

Esse critério, a ser utilizado na seleção e organização das expectativas, está em consonância com a estratégia denominada ancoragem social (CANEN; OLIVEIRA, 2002; MOREIRA, 2002), fundamental na construção de um currículo multicultural crítico. Segundo Moreira (2002), essa estratégia é importante para entender como, historicamente, posturas preconceituosas cristalizaram-se no currículo, questionando os discursos constantemente, e verificando como um dado conceito surgiu e passou a ser visto como universal. Ao trabalhar determinada manifestação da cultura corporal, é importante que o/a professor/a de Educação Física realize uma análise do contexto social em que a disciplina é produzida, instigando os/as estudantes a adotarem um olhar crítico para os diferentes discursos (muitas vezes fantasiosos) que os rodeiam.

No documento referente à área de Educação Física, produzido pela SME/SP, as expectativas de aprendizagem estão organizadas por ano, sendo separadas por manifestação de cultura corporal: brincadeiras, danças, lutas, ginásticas e esportes. Não existe uma linearidade ou sequência que defina a escolha das expectativas que serão trabalhadas, tampouco uma fixação de tempo a ser destinado para cada uma delas.

O/a docente tem autonomia para a escolha das expectativas e das atividades de ensino nos diferentes períodos letivos, tomando como referência os objetivos da Educação Física propostos no documento e as características da comunidade expressas no Projeto Pedagógico da escola.

Ao analisar o documento, foi identificado que muitas expectativas de aprendizagem se repetem de um ano para o outro. A hipótese, defendida nesta pesquisa, para explicar essa estratégia utilizada pelos elaboradores da proposta, é que a perspectiva cultural é avessa à ideia da organização curricular por séries. Na verdade, como já alertado anteriormente, os Estudos Culturais questionam inclusive a organização tradicional do currículo por disciplinas acadêmicas. Como aponta Giroux (1995, p. 89), as disciplinas acadêmicas estabelecidas não podem dar conta da grande diversidade de fenômenos culturais e sociais que caracterizam um mundo pós-industrial, cada vez mais hibridizado.

Ao pensar que um currículo influenciado pelos Estudos Culturais implica na necessidade de os/as professores/as desenvolverem uma aprendizagem baseada no contexto, levando em conta as experiências dos/as estudantes, pode-se questionar a organização das expectativas de aprendizagem por ano/série. Se os Estudos Culturais se preocupam prioritariamente com o processo, como um currículo, pautado por seus princípios, pode definir as aprendizagens necessárias para determinada série?

Seguindo esse raciocínio, é possível também questionar o termo utilizado pela SME/SP para nortear as atividades de ensino. O termo "expectativas de aprendizagem", de certa forma, é incompatível com a organização curricular pautada nos pressupostos do multiculturalismo crítico e dos Estudos Culturais. A ideia de "expectativa" reflete o aguardo de que algo acontecerá; "expectativa de aprendizagem" induz a pensar na probabilidade de se alcançar determinadas aprendizagens. Se o currículo multicultural crítico se pauta na diferença, valorizando as diferentes experiências dos/as estudantes, como aguardar que todos/as alcancem as aprendizagens preestabelecidas pelo currículo oficial (documento da SME/SP)? Ademais, que critérios definir, *a priori*, para supor as aprendizagens necessárias para cada ano ou série?

O discurso de um dos elaboradores da proposta curricular de Educação Física da SME/SP parece corroborar com esse pensamento: "[...] a nossa proposta não era nem que tivesse em série. A gente queria um grupo de objetivos e um grupo de expectativas que os professores olhassem aquilo" (Elaborador 1).

Sabe-se, entretanto, que os elaboradores da proposta não detinham total autonomia na construção do documento, visto que o processo de reorientação curricular atingiu todos os componentes curriculares. Alguns pontos deveriam ser contemplados por todas as áreas. Sendo assim, identifica-se que a proposta de "expectativas de aprendizagem" está presente no documento de todos os componentes curriculares. O fragmento a seguir explicita as relações de poder que marcaram a construção do documento "Orientações Curriculares":

> [...] a documentação de Orientações Curriculares, que é o teu objeto de estudo, ele vai sendo construído mediante um jogo de forças. Então, por exemplo, há aqueles que querem os objetivos prescritos, aqueles que querem as expectativas numa certa sequência, e outros, como é o nosso caso, que foi defendendo objetivos mais amplos, foi defendendo as expectativas, como uma coisa também um pouco mais ampla. (Elaborador 1).

Após explicitar e justificar a posição defendida nesta dissertação, contrária quanto ao emprego do termo "expectativas de aprendizagem" e sua organização por ano/série, agora buscar-se-á encontrar pontos de conexão entre as expectativas de aprendizagem e alguns pressupostos teóricos do multiculturalismo crítico e dos Estudos Culturais. A fim de facilitar a interpretação, foram selecionadas as expectativas de aprendizagem relacionadas aos esportes, propostas para o 4º ano do ciclo II do Ensino Fundamental (SME/DOT, 2007, p. 63).

- EF 66 – Descrever/explicar o esporte como fenômeno cultural de massa, relacionando-o com a Indústria Cultural, a partir das vivências das aulas dos esportes.
- EF 67 – Analisar criticamente a participação da mídia (programas esportivos, crônica, narrativas, publicidade etc.) e os efeitos sobre os apreciadores/consumidores das práticas esportivas, reconhecendo sua inserção em diversos momentos das aulas.
- EF 68 – Identificar as partes componentes de um caderno de esportes.
- EF 69 – Construir, coletivamente, caderno de esportes referentes à temática investigada e suas situações de vivências.
- EF 70 – Analisar as diferenças de narrativa presentes nas mídias televisivas e radiofônicas, utilizando-as nas atividades vivenciais propostas.
- EF 71 – Compreender a construção e a desconstrução do mito do atleta, além das repercussões na vida pessoal deste e dos apreciadores/consumidores da prática esportiva.

- EF 72 – Compreender a distribuição dos espaços de divulgação de cada modalidade/equipe na mídia, relacionando o tempo/espaço de divulgação com a construção hegemônica das modalidades/equipes.
- EF 73 – Elaborar resenhas esportivas, mediante os jogos ocorridos em aula.
- EF 74 – Relacionar a distribuição da propaganda das marcas economicamente privilegiadas com a manutenção do status de atletas, equipes e modalidades esportivas em destaque.
- EF 75 – Identificar as práticas discursivas presentes nos esportes que reforçam, pejorativamente, a identidade de raça, etnia, gênero, sexualidade, idade, religião, profissão etc., nas diversas vivências promovidas em aula.
- EF 76 – Elaborar hipóteses para explicar as manifestações passionais dos aficionados pelo esporte, mediante a passividade de alguns e a euforia de outros, ocasionadas pelas vivências esportivas nas aulas.
- EF 77 – Empregar os conhecimentos adquiridos para relacionar o uso do esporte por parte do Estado.
- EF 78 – Organizar e executar movimentos sociais de reivindicação de espaços públicos adequados à prática esportiva (na comunidade ou no âmbito da própria aula ou escola).
- EF 79 – Reconhecer a intencionalidade de políticas esportivas públicas e do terceiro setor.
- EF 80 – Elaborar formas variadas de textos empregando o conhecimento assimilado, de forma crítica, com possibilidades de aplicação social transformadora.

As expectativas de aprendizagem que compõem a proposta curricular da SME/SP para a Educação Física colocam novos desafios aos docentes da área. Exige uma postura do/a educador/a, que extrapola o caráter simplesmente técnico que, durante grande parte da história, dominou o exercício de sua profissão. A proposta curricular da SME/SP aponta para a necessidade de os/as professores/as de Educação Física assumirem o papel de intelectuais públicos (GIROUX, 2003), atuando como profissionais ativos/as e reflexivos/as, responsáveis por levantar questões sérias sobre o que ensinam, como devem ensinar e quais objetivos mais amplos por que lutam (GIROUX, 1992, p. 22).

Segundo Giroux (2003, p. 44),

> Assumindo o papel de intelectuais públicos, os educadores podem começar a estabelecer as condições pedagógicas para que os estudantes sejam capazes de desenvolver um senso de perspectiva e de esperança para reconhecerem que a maneira como as coisas estão não é a maneira como elas sempre foram ou que devem necessariamente ser no futuro.

É, nesse sentido, que as expectativas de aprendizagem apontam para um trabalho com as práticas esportivas, de maneira crítica, que resulte na análise e interpretação de todos os textos (corporais, discursos midiáticos, imagens etc.) que produzem significados e atuam nas subjetividades das pessoas que o apreciam e/ou consomem. Da mesma forma que nos Estudos Culturais contemporâneos o conceito de "classe" deixou de ser o conceito central de suas análises, a proposta curricular de Educação Física da SME/

SP, inspirada por esse campo teórico, procura avançar nas discussões que envolvem o fenômeno esportivo, interpretando-o não somente por um viés da classe social (como a abordagem crítico/superadora) para buscar uma compreensão de como o esporte atua nas subjetividades e identidades das pessoas, por meio dos textos culturais e midiáticos produzidos nos diferentes domínios em que ele é veiculado. As expectativas de aprendizagem propostas para o trabalho com o esporte almejam mudar as representações dos/as estudantes, por intermédio da análise dos diferentes discursos presentes nessa manifestação da cultura corporal.

Existe, também, ao interpretar essas expectativas de aprendizagem, uma preocupação em diminuir as fronteiras entre o conhecimento acadêmico escolar e os conhecimentos do cotidiano e da cultura de massa (NEIRA; NUNES, 2009a, p. 204). A Educação Física, sob a ótica dos Estudos Culturais, pretende analisar o terreno cotidiano no qual as práticas corporais são produzidas. É, dessa forma, que no trabalho com o esporte as expectativas de aprendizagem propostas no documento sugerem a análise e a interpretação dos discursos veiculados pela Indústria Cultural sobre essa manifestação (programas esportivos de rádio e televisão, propagandas, cadernos de esportes, crônicas etc.).

A categoria de hibridização discursiva, central em um currículo multiculturalmente orientado, é utilizada na elaboração de algumas expectativas de aprendizagem, como na interpretação da construção e desconstrução do mito do atleta, ou na problematização das práticas discursivas que reforçam, de maneira pejorativa, a identidade de gênero, sexualidade, etnia etc. Discursos constantes das práticas corporais, como "*skate* é coisa de maloqueiro", "futebol é pra homem[7]", "balé é coisa de mulher", "*rap* é música de ladrão", são utilizados como conteúdo nas aulas de Educação Física em um enfoque cultural, sendo reapropriados pelos grupos marginalizados e utilizados como pontos de encontro para manifestações de afirmação identitária e requisição de direitos à voz (CANEN; OLIVEIRA, 2002).

Ao interpretar as expectativas de aprendizagem propostas para o trabalho com o fenômeno esportivo, nota-se um rompimento com a visão romantizada do esporte enquanto salvador de todos os males da sociedade. Não existe, também, qualquer comprometimento em relação ao ganho de habilidades motoras ou capacidades físicas por meio da prática esportiva. A proposta curricular da SME/SP propõe um olhar crítico e ampliado sobre o fenômeno esportivo, analisando os discursos que o permeiam, produzidos em diferentes âmbitos da sociedade.

Porém, ao se posicionar criticamente em relação ao fenômeno esportivo, o currículo de Educação Física, sob um enfoque cultural, também se distancia da visão essencialista que compreende o esporte apenas como reprodutor da lógica capitalista. O argumento utilizado por Bracht (1986), de que a criança que pratica esporte respeita as regras do jogo capitalista, pode ser questionado pela

---

[7] Atualmente, é cada vez mais comum a presença do público feminino em estádios de futebol. Também é notório o crescente interesse das meninas por essa prática esportiva nas aulas de Educação Física.

concepção cultural da Educação Física. Pautando-se no referencial marxista, Bracht afirma que o esporte escolar cumpre o papel de reproduzir e reforçar a ideologia capitalista, na qual seus praticantes se adaptam passivamente aos valores e normas dominantes.

É sintomática a redução feita por Bracht, visto que o autor desconsidera a heterogeneidade presente, tanto nas práticas esportivas quanto nos grupos que as praticam ou consomem. A crítica marxista de Bracht requer especificar, com cuidado, seu âmbito de aplicação para não homogeneizar movimentos heterogêneos ou grupos sociais (CANCLINI, 2009), envolvidos nas diversas práticas esportivas. Se for enfatizado o trabalho com o fenômeno esportivo nas aulas de Educação Física, utilizando as contribuições teóricas do multiculturalismo crítico e dos Estudos Culturais, perceber-se-á que a categoria de classe[8] não é capaz de explicar as inúmeras facetas que envolvem essa manifestação corporal.

As relações de poder imbricadas nas práticas corporais se manifestam por diferentes prismas, sendo que a lente a ser utilizada para analisá-las dependerá exclusivamente da situação referida. Como explicar as relações de poder existentes no Futebol somente pela ótica da classe social? Será apenas o sistema capitalista que rege suas regras e impõe seus significados na sociedade? Ao partir para a análise dos discursos que envolvem essa manifestação da cultura

---

[8] O conceito de classe, aqui empregado, se baseia no pensamento de Karl Marx e Friedrich Engels que defendem o argumento de que, em toda sociedade capitalista, haverá sempre uma classe dominante que, direta ou indiretamente, dirige ou influencia o controle do Estado; e uma classe dominada, que reproduz a estrutura social, ordenada pela classe dominante e, assim, perpetua a exploração.

corporal, como propõe o currículo elaborado pela SME/SP, além da categoria de classe, outras questões como gênero, sexualidade, etnia, religião etc., podem emergir, dependendo do contexto a ser problematizado. Os discursos de comentaristas esportivos, de técnicos ou presidentes de clubes, que defendem a exclusividade da prática do Futebol pelo público masculino[9], necessitam ser problematizados a partir das questões de gênero, estabelecendo uma relação com a característica machista da sociedade brasileira. O preconceito no Futebol, relacionado a jogadores negros na Europa, geralmente envolvendo atletas estrangeiros[10], precisa ser analisado a partir das questões étnicas.

Ao conceber a Educação Física no âmbito da linguagem, propondo a leitura e interpretação dos textos incrustados nas práticas corporais, o documento elaborado pela SME/SP se aproxima da visão de Bhabha (2001), que sugere que cada posição é sempre um processo de tradução e transferência de sentido. O autor recusa uma lógica essencialista, que geralmente vem acompanhada por certa dose de moralismo, já que essa temporalidade discursiva

---

[9] Em 2007, revoltado com a atuação da assistente Ana Paula de Oliveira na eliminação de sua equipe da Copa do Brasil, o presidente do Botafogo, Carlos Augusto Montenegro, desferiu nos veículos de comunicação as seguintes críticas, repletas de machismo: "Não vejo mulher em Copa do Mundo, nem em decisão da Liga Europeia. Não vejo, nas decisões mais importantes, mas colocaram uma mulher aqui, justamente contra o Botafogo".

[10] Na Europa, algumas partidas de Futebol foram interrompidas por ofensas racistas de torcedores. Em 2010, na partida amistosa disputada entre Itália e Romênia, o atacante Mario Balotelli, de origem ganesa e que representava a seleção italiana, foi alvo de manifestações racistas por parte dos próprios torcedores de sua equipe. Mais recentemente, um torcedor mostrou uma banana para o lateral-esquerdo brasileiro Roberto Carlos, em partida realizada pelo Campeonato Russo, em 2011.

pressupõe que para cada evento existe uma heterogeneidade de sentidos a ele atribuídos, ocorrendo, muitas vezes, um processo de negociação entre classe, gênero, etnia etc.

4.1.5 As orientações didáticas

No capítulo de Orientações Didáticas (p. 66) são apresentados os encaminhamentos necessários para a prática pedagógica da Educação Física em sua perspectiva cultural:

> [...] o **mapeamento** dos conhecimentos referentes à cultura corporal presente na comunidade (...); o **desenvolvimento das atividades de ensino** que promoverão a prática e leitura da gestualidade manifesta; a **análise/interpretação** dos aspectos da linguagem corporal presentes na manifestação estudada; a **ressignificação/produção** de novas possibilidades de vivência; a ampliação e o **aprofundamento** dos conhecimentos sobre a prática corporal; a relação desses conhecimentos com o capital cultural dos alunos visando à construção de um posicionamento crítico e o registro das ações, descobertas, informações etc., material fundamental para a avaliação do trabalho pedagógico desenvolvido. (p. 66, grifos meus).

A etapa de mapeamento constitui-se pela avaliação diagnóstica (p. 68), na qual o/a professor/a levantará as manifestações presentes no universo cultural da comunidade escolar e os espaços disponíveis para as aulas de Educação Física na escola ou em seu entorno.

No documento da SME/SP, são relacionadas algumas sugestões para a realização desse mapeamento. A partir dessa estratégia, o/a docente poderá rever as expectativas pretendidas e reconsiderar os conteúdos de aprendizagem, conforme as necessidades do grupo.

> Para alcançar as expectativas de aprendizagem selecionadas, os conhecimentos, procedimentos e valores relacionados às manifestações corporais são transformados em conteúdos de aprendizagem e, portanto, deverão ser contemplados pelas atividades de ensino. (p. 74).

As atividades de ensino são permeadas por explicações, demonstrações, vivências, discussões em grupos, trabalhos gráficos, realização de debates que permitam a leitura da gestualidade característica das manifestações corporais e o diálogo, visando promover a interação coletiva, a reorganização, a discussão de outras possibilidades e a interpretação de cada uma das ações (p. 74). Os elaboradores alertam que os professores e professoras devem estar atentos aos subtemas e ideias que compõem a temática, como as relações de poder, as questões de gênero, consumo, história etc.

A ressignificação consiste na adaptação das vivências corporais às características do grupo, que poderá reconstruir as experiências conhecidas, transformando-as e tornando-as próximas do sujeito (p. 76). Os elaboradores da proposta recomendam que os/as professores/as atentem para as relações estabelecidas entre os sujeitos envolvidos, entre eles e os conhecimentos, identificando os questionamentos, interesses e conflitos que emergem do grupo, fatos que poderão conduzir a outros caminhos.

O aprofundamento da temática se dará por meio de

> [...] atividades de ensino que promovam a leitura, interpretação e construção de textos, análise de imagens, músicas e vídeos e socialização de experiências com os demais alunos da escola, a realização de entrevistas com convidados e a socialização dos saberes aprendidos com a comunidade escolar, por meio de apresentações nos eventos da escola, exposições de trabalhos em dias festivos, elaboração de portfólios e demais produções dos alunos. (p. 76).

Para finalizar os trabalhos em um determinado tema, os elaboradores da proposta recomendam a ampliação dos conhecimentos por intermédio da busca coletiva de fontes que agregam saberes àqueles identificados no mapeamento inicial.

Essas ações didáticas possibilitarão, segundo os elaboradores da proposta, o ensino do respeito pelas diferenças culturais. A partir da experimentação de situações conflituosas, cabe ao educador/a

> [...] mediar as relações e organizar atividades em que todos os alunos se conscientizem da própria identidade corporal e a de cada integrante do grupo, reconhecendo e legitimando como de grande valia as características, qualidades, opiniões e ideias de cada um. (p. 88).

A partir da tematização de uma manifestação da cultura corporal, atendendo aos objetivos propostos para a área de Educação Física, os elaboradores da proposta curricular da SME/SP apontam para uma ação social transformadora, em que alunos e alunas possam atuar em esferas sociais próximas, como a própria sala de aula, inclusive em atividades sociais solidárias na comunidade, visando à qualidade de vida coletiva e social (p. 88).

Uma das funções do processo de socialização na escola, como aponta Pérez Gómez (1998), é a formação do cidadão para intervenção na vida pública. Segundo o autor,

> [...] a escola deve preparar os/as estudantes para que se incorporem à vida adulta e pública, de modo que se possa manter a dinâmica e o equilíbrio nas instituições, bem como as normas de convivência que compõem o tecido social da comunidade humana (GÓMEZ, 1998, p. 15).

Dessa forma, Pérez Gómez faz um alerta para a ideologia contida nessa função assumida pela escola. Para o autor, a escola transmite e consolida uma ideologia cujos valores são o individualismo, a competitividade e a falta de solidariedade, a igualdade formal de oportunidades e a desigualdade "natural" de resultados em função de capacidades e esforços individuais. Os elaboradores da proposta curricular de Educação Física, ao proporem a tematização das manifestações da cultura corporal, objetivam exatamente a inversão desses valores destacados por Pérez Gómez. Percebe-se a clara intenção, dos elaboradores da proposta, em problematizar essa função reprodutora da escola, propondo uma ação transformadora desses valores característicos da selvagem lei do mercado.

A proposta curricular da SME/SP para a área de Educação ainda aponta para a perspectiva interdisciplinar, por meio de ações didáticas que aproximem e permitam um diálogo entre os conhecimentos alusivos às diversas áreas de conhecimento (p. 81). São apresentadas algumas sugestões de trabalho com outros componentes curriculares (Língua Portuguesa, Língua Inglesa, História, Geografia, Arte e Ciências) que podem colaborar significativamente para o alcance das expectativas de aprendizagem.

Conforme o grau de integração das diferentes disciplinas reagrupadas em um determinado momento, é possível estabelecer diferentes níveis de interdisciplinaridade (SANTOMÉ, 1998, p. 68). Sem querer aprofundar todos esses níveis, visto que diferentes autores propõem variadas classificações, optou-se por utilizar as modalidades de interdisciplinaridade estabelecidas por Scurati e Damiano (1977) apud Santomé (1998). Dentre os níveis definidos pelos autores, entende-se que a perspectiva interdisciplinar defendida pelo documento da SME/SP se aproxima da interdisciplinaridade complementar.

Esse nível de interdisciplinaridade ocorre quando se produz uma sobreposição do trabalho entre especialidades que coincidem em um mesmo objeto de estudo. Como exemplo desse nível de interdisciplinaridade, foi selecionado o trecho a seguir, extraído do documento da SME/SP:

> [...] durante as vivências do Futebol, o professor indagará a respeito do material que os atletas utilizam, tencionando relacioná-los com aqueles apresentados pelos alunos para as aulas, como calças e sapatos versus calções e chuteiras. Diante disso,

em parceria com a área de Artes, pode-se propor uma investigação a respeito da evolução do material esportivo, desde o seu início (uniforme, chuteiras, meiões, flâmulas etc.) até os designers dos dias atuais e a disputa entre as marcas esportivas. (SME/DOT, 2007, p. 82).

Da mesma forma, a proposta da SME/SP sugere um trabalho interdisciplinar com a área de História (relação entre a expansão do capitalismo, a competitividade nos esportes e a importância de ser um "campeão"), com a área de Geopolítica (falta de espaços públicos para o lazer), com a área de Língua Inglesa (aculturação de termos originários da Língua Inglesa no cenário esportivo), com a área de Ciências (reflexão sobre o modelo de corpo veiculado pela mídia) etc.

Sabe-se que, apesar dos esforços desprendidos pelas políticas oficiais, para que os/as docentes atuem em uma perspectiva integradora e interdisciplinar, a organização escolar dificulta que esse processo se concretize na prática, já que

[...] a marcação disciplinar é mais fortemente instalada no currículo, principalmente a partir da materialização de três dimensões, representadas pelos livros didáticos, pela grade de horários e pelas aulas coordenadas separadamente por diferentes professores/as especializados. (ROSA, 2007).

Tomando como referência o autor Stuart Hall, Rosa tece críticas a esse formato de currículo como *loteamento*, e defende que a interdisciplinaridade deve ser pensada como *diáspora*, na qual os/as professores/as precisam "abrir mão" de seu projeto disciplinar em troca de aventurar-se, compondo a bagagem do Outro.

É fundamental lembrar, ainda, que o campo teórico dos Estudos Culturais se baseia na crença de que as disciplinas escolares não podem dar conta da grande diversidade de fenômenos culturais e sociais que caracterizam um mundo pós-industrial cada vez mais hibridizado (GIROUX, 1995, p. 89). Se o currículo de Educação Física proposto pela SME/SP leva em conta as análises produzidas pelos Estudos Culturais, nada mais coerente do que engendrar esforços para que os/as docentes desenvolvam práticas interdisciplinares, mesmo cientes das limitações impostas pela fragmentação da cultura escolar em disciplinas específicas e horários rígidos.

Uma característica marcante do documento "Orientações Curriculares", produzido pela SME/SP, que o distingue de grande parte das propostas curriculares da área de Educação Física difundidas no âmbito educacional, é a importância dada ao registro da prática docente. Apesar de destinar apenas duas páginas para tratar do assunto (em um subitem do capítulo de "Orientações Didáticas"), a proposta da SME/SP enfatiza a importância do registro em diversas passagens do documento, como no mapeamento do patrimônio da cultura corporal presente na comunidade e no universo cultural dos/as alunos/as (p. 69-70), na ampliação do conhecimento sobre a manifestação corporal tematizada (p. 73) e nos relatos de experiência (p. 90-5).

Os elaboradores da proposta apontam para a necessidade de o/a professor/a documentar as experiências pedagógicas vivenciadas, com o intuito de identificar modificações nos conhecimentos dos/as alunos/as. O registro serve também para o/a professor/a identificar os conhecimentos e experiências pedagógicas que os alunos já tiveram acesso e aqueles que ainda não foram tematizados (p. 79).

É possível relacionar a importância atribuída ao registro, na proposta curricular de Educação Física da SME/SP, com o pensamento de Warschauer (1997). De acordo com a autora, registrar a própria prática pode ser um rico instrumento de trabalho para o/a professor/a que busca reconstruir os conhecimentos junto aos alunos, pois o retrato do "vivido" proporciona condições especiais para o ato de refletir (p. 61). Ainda segundo Warschauer, a prática do registro ajuda a construir a memória significativa, ou seja, o registro auxilia a guardar na memória fatos, acontecimentos ou reflexões e possibilita a consulta quando estes são esquecidos.

O registro permite que vejamos a historicidade do processo de construção dos conhecimentos, porque ilumina a história vivida e auxilia a criação do novo a partir do velho. Oferece segurança porque relembra as dificuldades anteriores e a sua superação, dando coragem para enfrentar novos desafios e dificuldades, que, como as anteriores, poderão ser superadas (WARSCHAUER, 1997, p. 63).

A documentação realizada pelo/a docente, nas aulas de Educação Física, pode auxiliá-lo na organização das temáticas que serão estudadas em determinado período letivo, oferecendo segurança para aprofundar conteúdos trabalhados anteriormente, produzindo novos conhecimentos, assim como organizando experiências pedagógicas relacionadas às práticas corporais que ainda não foram tematizadas.

Os registros das atividades realizadas no decorrer das aulas de Educação Física são considerados, pela proposta curricular da SME/SP, como fundamentais para a avaliação do trabalho desenvolvido. Esses documentos possibilitarão melhor análise do percurso estabelecido pelo grupo (SME/DOT, 2007, p. 88), subsidiando o/a professor/a na reflexão sobre a própria prática, identificando os resultados do processo pedagógico.

As três dimensões da avaliação (diagnóstica, reguladora e final) são abordadas no documento "Orientações Curriculares" da SME/SP. A avaliação diagnóstica se dá por meio do mapeamento dos saberes referentes à manifestação da cultura corporal estudada, de forma que o/a educador/a reúna elementos que permitam reorganizar o plano de ensino e melhor selecionar e propor as atividades que potencializarão as aprendizagens.

Hadji (2001) prefere a utilização do termo avaliação "prognóstica" no lugar de "diagnóstica". Para o autor, toda avaliação é diagnóstica, na medida em que identifica certas características do aprendiz e faz um balanço de seus pontos fortes e fracos. Entende-se que a perspectiva defendida pelo documento da SME/SP se aproxima da avaliação prognóstica que, segundo o autor,

> [...] tem a função de permitir um ajuste recíproco aprendiz/programa de estudos (seja pela modificação do programa, que será adaptado aos aprendizes, seja pela orientação dos aprendizes para subsistemas de formação mais adaptados a

seus conhecimentos e competências atuais). (HADJI, 2001, p. 19).

A avaliação reguladora ocorre a partir das análises realizadas sobre as observações das aulas ou sobre a documentação elaborada pelo grupo ou pelo/a professor/a (SME/DOT, 2007, p. 89), de forma a promover modificações na prática pedagógica, sempre que necessário. Colocada dessa maneira, a avaliação, na perspectiva proposta pela SME/SP, cumpre uma função formativa, ou seja, assim como Hadji (2001) defende, ela precisa contribuir para uma boa regulação da atividade de ensino (ou de formação, em sentido amplo).

Diferentemente, a avaliação final pode ser realizada a partir de uma apresentação coreográfica, um relatório, um portfólio etc. Nessa concepção de avaliação, o documento aponta para a necessidade dos professores e professoras refletirem sobre sua prática pedagógica a partir dos elementos recolhidos durante o processo. Segundo Hadji (2001), a avaliação também ocorre depois da ação. A avaliação cumulativa, termo utilizado pelo autor, tem a função de verificar se as aquisições visadas pela formação foram atendidas. Assim, como aponta o documento da SME/SP, o/a professor/a descobrirá que algumas expectativas não foram alcançadas e outras foram extrapoladas, o que deverá ser levado em consideração no momento do planejamento das próximas intervenções (SME/DOT, 2007, p. 89).

Entende-se que o documento dos Parâmetros Curriculares Nacionais (PCNs) representa um "divisor de águas" em relação à discussão em torno da avaliação na área de Educação Física, pois ele apresenta uma quebra de paradigmas referentes ao formato excludente e classificatório que dominava as perspectivas curriculares tradicionais. A proposta dos PCNs defende a predominância das intenções avaliativas inserida em uma perspectiva processual e contínua, que compreende as fases diagnóstica ou inicial, formativa ou concomitante e somativa ou final (BRASIL, 1998). Ainda segundo os PCNs, a avaliação processual dos conteúdos conceituais, procedimentais e atitudinais, deverá ser integrada, podendo ter momentos formalizados que enfatizem uma ou outra categoria (p. 59).

A proposta curricular da SME/SP aproxima-se da proposta dos PCNs de Educação Física quanto à defesa por uma avaliação formativa em detrimento de outras formas excludentes de avaliação e quanto às dimensões que a envolvem. Entretanto, distancia-se da proposta dos PCNs no que diz respeito à elaboração de instrumentos de avaliação que considerem as três dimensões de conteúdos: conceituais, procedimentais e atitudinais. Essa é uma classificação que advém do campo da psicologia e não dialoga com a teorização curricular cultural. Tanto é que não encontra-se qualquer menção quanto a esse tipo de classificação no documento da SME/SP.

Cabe frisar também que, em outro estudo, ao analisar e interpretar as práticas avaliativas de quatro professores/as de Educação Física que utilizam o referencial teórico dos Estudos Culturais e do multiculturalismo crítico, Escudero e Neira (2011) constataram que inexiste um momento intencionalmente destinado à avaliação na prática pedagógica de tais professores/as. As práticas avaliativas ocorrem do início ao fim dos trabalhos. Os/as pesquisadores/as identificaram, na prática pedagógica dos/as professores/as que participaram do estudo, que a avaliação teve como principais funções: documentar o processo; informar o andamento das aprendizagens; planejar as aulas seguintes; reorientá-las (caso necessário); compreender as interpretações dos/as alunos/as; organizar a síntese, a fim de reconhecer o que já foi dito e feito; dialogar com o entorno; e desconstruir representações acerca das diferentes identidades que adentram a escola. Para tanto, o mapeamento e o registro revelaram-se instrumentos fundamentais para o processo avaliativo no currículo de Educação Física, sob o enfoque cultural.

4.2 Os sujeitos pesquisados

A especificidade do problema a ser investigado por este projeto de pesquisa fez com que fosse adotado um critério seletivo na escolha dos sujeitos pesquisados. Como já abordado anteriormente, no Capítulo 1, após consulta aos elaboradores da proposta curricular da SME/SP, selecionamos os/as professores/as de Educação Física, que além de atuar na Rede Municipal de São Paulo, se apoiavam nos campos teóricos do multiculturalismo crítico e dos Estudos Culturais para desenvolverem sua prática pedagógica.

Segue, a seguir, a caracterização dos/as docentes investigados/as:
- Professor 1: Professor de Educação Física do Ciclo I e Ciclo II do Ensino Fundamental da Rede Municipal de Ensino de São

Paulo (em 2010), participante do Grupo de Pesquisas em Educação Física Escolar da FEUSP e coautor do livro "Praticando Estudos Culturais na Educação Física";
- Professora 2: Professora de Educação Física do Ciclo I do Ensino Fundamental da rede municipal de ensino de São Paulo (em 2010), integrante do Grupo Referência de Educação Física (em 2010), participante do Grupo de Pesquisas em Educação Física Escolar da FEUSP e coautora do livro "Praticando Estudos Culturais na Educação Física";
- Professor 3: Professor de Educação Física do Ciclo I e Ciclo II do Ensino Fundamental da rede municipal de ensino de São Paulo (em 2010), integrante do Grupo Referência de Educação Física (em 2010), participante do Grupo de Pesquisas em Educação Física Escolar da FEUSP e coautor do livro "Praticando Estudos Culturais na Educação Física";
- Professor 4: Professor de Educação Física do Ciclo I e Ciclo II do Ensino Fundamental da rede municipal de ensino de São Paulo (em 2010), integrante do Grupo Referência de Educação Física (em 2006), participante do Grupo de Pesquisas em Educação Física Escolar da FEUSP e coautor do livro "Praticando Estudos Culturais na Educação Física";
- Professora 5: Professora de Educação Física do Ciclo I e Ciclo II do Ensino Fundamental da rede municipal de ensino de São Paulo (em 2010), recém formada em 2009, ingressante na rede municipal em 2010 e participante do Grupo de Pesquisas em Educação Física Escolar da FEUSP.

4.3 A análise das entrevistas com os/as professores/as

Nesta parte do trabalho, as entrevistas realizadas com os professores e professoras serão interpretadas à luz da teorização curricular multicultural crítica. A fim de melhor organizar as informações obtidas durante as entrevistas e a subsequente análise dos dados, esse capítulo foi separado em duas seções. Na primeira são apresentadas as opiniões dos/as educadores/as acerca do documento "Orientações Curriculares e Proposição de Expectativas de Aprendizagem para o Ensino Fundamental – ciclo II", que sustenta a proposta curricular de Educação Física da rede municipal; na segunda seção são discutidas as dificuldades e potencialidades das aulas de Educação Física pautadas na concepção cultural sob a ótica dos/as docentes pesquisados/as, que constitui o objeto de estudo do presente trabalho.

Para a interpretação dos dados, foram confrontadas as informações, obtidas nas entrevistas com os/as docentes, com as produções advindas de pesquisadores da área de currículo (que se ancoram nas teorias críticas e/ou pós-críticas) e de autores/as que discutem o campo teórico do multiculturalismo crítico e dos Estudos Culturais. Em alguns momentos, foram utilizados trechos das entrevistas com os elaboradores da proposta curricular e fragmentos do próprio documento "Orientações Curriculares", a fim de auxiliar a interpretação.

4.3.1 O documento "Orientações Curriculares" de Educação Física da SME/SP sob a ótica dos professores e professoras

Para analisar as entrevistas realizadas com os professores e professoras que atuam nas Escolas Municipais de São Paulo, com foco no objeto que esta pesquisa pretende investigar, é pertinente relatar as opiniões que os profissionais selecionados possuem acerca do documento "Orientações Curriculares para o Ensino Fundamental – ciclo II de Educação Física da SME/SP", visto que suas práticas pedagógicas se pautam nessa proposta curricular.

Quando indagado sobre sua opinião acerca das "Orientações Curriculares" propostas pela SME/SP, o professor 1 posicionou-se indicando algumas controvérsias, que, segundo ele, existem no documento:

> Eu não vejo a proposta totalmente voltada, ainda, para os Estudos Culturais. Eu vejo alguns sinais ainda da veia tecnicista. Principalmente quando se colocam "Expectativas de Aprendizagem". O próprio termo eu não concordo muito. Acho que "objetivos" caberia melhor, dialogaria melhor com os Estudos Culturais, com a perspectiva pós-crítica. (Professor 1)

O professor 4, integrante do primeiro Grupo Referência, que teve participação efetiva na construção do documento "Referencial de Expectativas para o Desenvolvimento da Competência Leitora e Escritora no Ciclo II do Ensino Fundamental", também enxerga algumas contradições na proposta.

> [...] eu acho que a "orientação", em si, é contraditória à perspectiva cultural, que é a base teórica do documento. Porém, a gente sabe também que, em educação, precisamos cumprir com algumas obrigações e a Secretaria Municipal não abriu mão das "orientações" (...) A gente dizia: se eu estou dando uma "orientação" e aprendemos que, na perspectiva cultural, isso não é muito possível e que o problema surge das necessidades dos alunos e a partir dali que vamos ver, num caminho que não é objetivo, quais conteúdos a gente vai lançar mão pra dar conta do problema, ou melhor, quais manifestações eu tematizo pra dar conta do meu conteúdo, aí já tem uma mudança de paradigma. (Professor 4)

Como já foi abordado na seção anterior, é preciso considerar o fato de que o processo de reorientação curricular da SME/SP atingiu a todos os componentes curriculares. Para tecer a análise do documento de Educação Física, inevitavelmente, deve-se atentar para as relações de poder que permearam a sua construção. Fica explícita, no depoimento de um dos elaboradores, a influência que a escrita do documento sofreu por parte de vários atores do processo.

> Esse documento, o texto corrido, e as Expectativas de Aprendizagem foram encaminhados para aquilo que eles chamaram de leitores críticos. Um grupo de supervisores, um grupo de coordenadores pedagógicos, que a rede escolheu, nós não sabemos qual foi o critério. E um grupo de professores que também fizeram a leitura crítica (...) esse texto que tinha sido dis-

cutido com os professores, tinha sido construído (...) sempre no diálogo com os professores. Depois ele sofreu interferência de outros atores do processo (...) depois do documento semipronto, uma versão preliminar, bem organizada, foi encaminhada para todas as DREs e lá nas DREs eles discutiram. (...) E foi nesse processo de idas e vindas, em nenhum momento houve restrição em tamanho, quantidade, mas houve algumas restrições com relação ao formato e ao conteúdo. Porque o formato nós tínhamos feito a redação inteira assim: Olá professores e professoras, o professor e a professora, ao aluno e à aluna, poderão, poderá, sempre com esse cuidado. E aí eles falaram que não. Vamos acertar todo mundo. Não tem nada de poderá. É deverá, ou fará ou desencadeará, ou desenvolverá, certo. Uma fala no imperativo. Eu senti essa inclinação do texto nessa direção. Não que isso seja um agravante. Mas era uma coisa que não combinava com o referencial que a gente estava usando. E alguns dos termos que nós queríamos ter utilizado, por exemplo, três deles bem pontuais que eram: justiça curricular, ancoragem social dos conteúdos e evitar o daltonismo cultural, por exemplo, entre outras coisas, tiveram que ser suavizados (...) outra norma que estava em desacordo com o que a gente pensava era: os nossos textos tinham citações e tinham referências bibliográficas. Isso foi tudo jogado no lixo. E as palavras dos autores tiveram que ser alteradas, esse tipo de coisa. Então se você olhar, alguns termos só conhecidos a partir de certos autores, embora o texto tenha muita influência dos Estudos Culturais e do multiculturalismo crítico, todos os autores estão só referenciados lá no final. Não estão no corpo do texto porque essa foi uma exigência. Porque falaram assim: vamos fazer um texto corrido. Não um texto acadêmico. (Elaborador 2)

Ao analisar e interpretar o documento "Orientações Curriculares" da SME/SP, julgou-se pertinente a crítica proferida pelo elaborador 2. Como critérios para a seleção das Expectativas de Aprendizagem, expressos no Capítulo 3.4 (SME/SP, 2007, p. 45-7), os autores da proposta utilizaram os conceitos de justiça curricular, descolonização do currículo, evitar o daltonismo cultural e a ancoragem social dos discursos, como já deflagrados anteriormente.

Não foi encontrada, também, qualquer citação de autores no texto do documento. Eles são colocados apenas no final do caderno, na bibliografia (p. 98-102). A linguagem utilizada no modo imperativo, como salientada pelo elaborador 2, foi identificada especificamente nos capítulos 5.1 – Orientações Didáticas e 5.3 – Organização das Atividades de Ensino. É interessante que, conforme explicitado nos capítulos anteriores, os elaboradores evitaram o uso de verbos no imperativo. Mas justamente nos capítulos que apresentam os encaminhamentos para a ação docente, encontra-se, em diversas passagens do texto, o uso da expressão "o professor deve..." ou "aluno deve..." (p. 68, 71-74, 86, 87). Minimamente, é possível mencionar que causa estranhamento a utilização dessa linguagem exatamente nos capítulos que trazem o "como" colocar em prática a concepção defendida pela proposta curricular. Se for pensado que, na perspectiva cultural, os/as docentes são considerados/as intelectuais transformadores/as, dotados/as de saberes, como defende Giroux (1992), e não simples técnicos/as alienados/as consumidores/as de currículos pré-fabricados por especialistas, a linguagem utilizada na proposta curricular teria de evitar o modo imperativo, carregado de autoritarismo.

Dessa forma, boa parte dos/as autores/as que utilizam as bases teóricas que sustentam a concepção cultural adota um devido cuidado com a ideologia machista inculcada na linguagem, evitando, por exemplo, o uso de expressões como "os homens", "os alunos", "os professores" etc., preferindo a utilização das expressões "os homens e as mulheres", "os alunos e alunas", "os/as professores/as" etc.

Como a construção da proposta se deu de forma coletiva, na qual outros/as profissionais (supervisores/as, coordenadores/as, professores/as) puderam opinar e, dependendo do cargo, impor algumas condições, nem tudo que os elaboradores do documento de Educação Física defendiam foi materializado, justificando, assim, algumas contradições levantadas e destacadas anteriormente pelos professores 1 e 4. Mas, apesar das críticas aludidas por esses dois professores em relação ao documento elaborado pela SME/SP, ambos destacam a sua importância:

[...] o documento foi importante porque ajuda a dialogar um pouco mais com essa questão de uma Educação Física mais democrática, uma Educação Física que olha pra essas diferenças culturais, que vai conversar um pouquinho sobre como ela vê cultura. Uma proposta que não está fechada, que ela é dialógica, é construída, ajuda a validar os alunos. (Professor 1) O documento é muito importante porque é uma quebra de paradigmas. Tem a representação do professor, não foi escrito por um técnico que mandou lá. Não é um acadêmico que deu receita. Essa representação é limitada pelo número de professores que a gente tem na Rede e enquanto "orientação", mesmo sendo contraditório, foi um primeiro passo. Quem sabe possa ser expandido de outra forma, ainda dentro dessa perspectiva. (Professor 4)

O professor 4 destaca, ainda, o posicionamento dos elaboradores da proposta frente à SME/SP, antes de iniciar o processo de construção do documento "Orientações Curriculares".

[...] quando foi fechada a assessoria, tanto o professor Marcos, quanto o professor Mario, que foram os assessores contratados, estabeleceram que seria primordial para uma proposta, nessa perspectiva cultural, que aquelas pessoas responsáveis pelo fazer do currículo tomassem parte na escrita do currículo, senão não teria sentido. A própria teoria que ia embasar essa escrita, ela ia ficar contraditória. (Professor 4)

Realmente, a perspectiva cultural pensa no/a professor/a como agente ativo na configuração, construção ou reconstrução do currículo (LEITE, 2002, p. 223). Como já alertado em outra seção, foge ao objetivo deste trabalho investigar como se deu a participação dos/as professores/as na elaboração do documento "Orientações Curriculares". Sabe-se que os/as docentes foram convidados/as para participar do processo de construção do documento, porém, caberia outra pesquisa para investigar até que ponto os/as docentes participaram, ou não, da escrita do texto. A possibilidade que o caderno de "Orientações Curriculares" de Educação Física abre para que os professores e professoras construam seu próprio currículo, tendo autonomia para organizar suas práticas pedagógicas, é enaltecida pelas professoras 2 e 5.

> Gosto desse documento. Acho que é um documento bom. Não engessa nosso trabalho, pelo contrário, abre possibilidades de você fazer muitas coisas e ter autonomia. (Professora 2)
> É interessante você perceber que o caderno não é um manual. Não é só: siga isso! Uma apostila. É um material de apoio que mais ou menos te explica a proposta, mas para você trabalhar melhor, tem que buscar outras coisas (...) eu acho o caderno um ótimo apoio e, por estar fazendo parte do Grupo da USP, desde que eu me formei, o meu TCC foi na área de Estudos Culturais, pra mim ele ajuda muito no sentido de ler, pensar algumas coisas, conversar com o meu trabalho, ver o que é possível [...] (Professora 5)

A própria professora 5 elogia a forma de organização das "Expectativas de Aprendizagem", já que em momento algum o documento expressa a obrigatoriedade de cumprir com todas elas no ano letivo e tampouco limita a possibilidade de sua utilização em séries distintas.

> [...] por mais que as expectativas estejam separadas por Ciclo, eu acho legal que você não tem essa obrigatoriedade. Você pode, de repente, ir lá numa expectativa que é do Ciclo I e

ela cabe pra uma turma do Ciclo II. E quando você lê a expectativa, aquela frase pode abrir um caminho para o tipo de proposta que você vai seguir. Às vezes, eu vou lendo e eu acho alguma que combina com o projeto daquele grupo, que tem a ver com aquele contexto. E a expectativa que está para a 7ª série, eu acho que cabe para uma 5ª. Isso acho que ajuda. Você vai vendo que tem essa mobilidade. Não é uma coisa fechada. Você pode ir brincando. Você tem umas pecinhas de quebra-cabeça, você pode ir pegando e montando. (Professora 5)

É importante destacar, nas falas das professoras 2 e 5, a flexibilidade que o documento "Orientações Curriculares" abre para que os/as docentes organizem suas práticas pedagógicas. Leite (2002) considera três tipos de organização e planificação curricular, de acordo com os papéis atribuídos aos/às professores/as:

1) currículo que oferece todos os elementos de forma pormenorizada e exaustiva para impedir a ocorrência de qualquer alteração e assegurar que ele seja implementado segundo processos muito próximos dos previstos pela administração central;

2) currículo que prevê a intervenção dos professores em ligeiros ajustes às situações reais e que, por isso, apresenta algumas características de flexibilidade e de não operacionalização de todos os elementos do desenvolvimento curricular; 3) currículo que apenas traça as grandes linhas mestras, deixando aos professores, de acordo com as situações concretas, a concepção do projeto e a pormenorização dos elementos que o configuram e lhe dão a especificidade (p. 225-6).

Ao considerar essa classificação proposta por Leite, ao analisar o documento "Orientações Curriculares" e ao interpretar as opiniões das professoras 2 e 5, entende-se que o currículo oficial da SME/SP para a área de Educação Física aproxima-se do item 2, ou seja, caracteriza-se pela flexibilidade quanto às situações reais, abrindo a possibilidade de os/as professores/as adequarem e modificarem suas práticas conforme a realidade local e as necessidades dos/as estudantes. Não se pode classificar o currículo da SME/SP no item 3, elaborado por Leite, já que o documento explicita e defende uma determinada concepção curricular (pautada nos Estudos Culturais e no campo teórico do multiculturalismo crítico), não abrindo margem para o/a professor/a decidir qual concepção norteará suas práticas pedagógicas.

O olhar que o documento "Orientações Curriculares e Proposição de Expectativas de Aprendizagem" lança sobre os grupos marginalizados foi elogiado pelo professor 3:

Politicamente eu sou totalmente adepto desta proposta. Por quê? Porque essa proposta convida o professor a ir pra prática e desenvolver o seu currículo. Erros e acertos a todo o momento. E ela convida os professores a olhar algumas questões políticas mais amplas. Então a gente vem rompendo um pouco com a tradição do currículo, que é só esportes, que é só essas questões da psicologia cognitiva comportamental. Então essa proposta começa a olhar um pouco mais pra classe subjugada que está dentro do currículo. Essa proposta é interessante porque, ao se desgarrar do desenvolvimento motor, outros grupos, que antes eram subjugados na escola, começam a aparecer, como por exemplo, as mulheres, os deficientes intelectuais. Então eu partilho muito desta proposta. (Professor 3)

É importante lembrar que faz parte do Projeto Político dos Estudos Culturais e do multiculturalismo crítico a contestação da arrasadora presença das culturas hegemônicas no currículo escolar. Em relação à organização de um currículo de Educação Física escolar, à luz da teorização cultural, existe uma clara intenção em incorporar, no cotidiano das aulas, as culturas e vozes dos grupos sociais minoritários, historicamente ausentes e/ou silenciados nos programas escolares.

4.3.2 Cruzando fronteiras curriculares: o cotidiano das aulas de educação física na perspectiva cultural

Quais as fronteiras a serem cruzadas e as potencialidades pedagógicas do currículo de Educação Física, sob o enfoque cultural, nas Escolas Municipais de São Paulo, sob a ótica dos/as professores/as que trabalham pautados nesse referencial teórico? Investigar as percepções dos/as professores/as acerca das dificuldades e possibilidades encontradas no cotidiano das aulas de Educação Física pautadas no multiculturalismo crítico e nos Estudos Culturais constitui o objeto de análise da presente pesquisa.

A categoria "fronteira" será empregada, aqui, não enquanto sinônimo de limite, mas no sentido de uma linha divisória entre um espaço e outro, um marco entre duas áreas. Pensar na ideia de fronteira e não de limite significa utilizar a linguagem da possibilidade, já que a fronteira demarca um limite, porém pode ser rompida, transposta, cruzada, transgredida.

Reconhecendo as limitações que circundam o contexto da educação formal e o jogo de poder que ocorre nas relações sociais existentes no interior das escolas, que dificultam a atuação dos/as educadores/as críticos/as comprometidos/as com a justiça social, a categoria de fronteira pressupõe viver a história como tempo de possibilidade e não de determinação (FREIRE, 2002). Henry Giroux propõe a pedagogia de fronteira como uma forma de desafiar os limites existentes na instituição escolar, na qual os/as educadores/as críticos/as se engajem em uma política cultural de oposição, resistindo às práticas dominantes e criando novos espaços de crítica e transformação.

Primeiro, a categoria de fronteira assinala um reconhecimento daquelas margens epistemológicas, políticas, culturais e sociais que estruturam a linguagem da história, do poder e da diferença. A categoria de fronteira também prefigura a crítica cultural e os processos pedagógicos como uma forma de transpor fronteiras. Ou seja, ela assinala formas de transgressão em que as fronteiras existentes forjadas na dominação podem ser desafiadas e redefinidas. Segundo, também se refere à necessidade de criar condições pedagógicas em que os alunos passem a transpor fronteiras para compreender o Outro em seus próprios termos, e de criar outras regiões fronteiriças em que os diversos recursos culturais permitam a composição de novas identidades dentro das configurações de poder existentes. Terceiro, a pedagogia de fronteira torna visíveis as limitações e os pontos fortes histórica e socialmente construídos daqueles locais e fronteiras que herdamos e que estruturam nossos discursos e nossas relações sociais. (GIROUX, 1999, p. 41).

Ao entrevistar os sujeitos desta pesquisa, evidencia-se a dificuldade encontrada na construção de um currículo de Educação Física sob o enfoque cultural, no que se refere ao entendimento prévio que os/as estudantes possuem acerca do componente curricular. A cultura instalada dominante da Educação Física, enquanto sinônimo de esporte ou recreação, implica, em um primeiro momento, na resistência dos/as estudantes ao currículo multicultural.

[...] a primeira dificuldade é a aceitação do aluno, no sentido dele entender a Educação Física de outra forma. Querendo ou não, essa questão do currículo esportivista, tecnicista, é muito carregada. Os alunos vêm pra Educação Física achando que Educação Física é esportes e é bola. Então você propor outra coisa, você propor uma atividade que é um vídeo na aula de Educação Física é muito estranho. Essa fase de estranhamento eu acho que é muito difícil. Quando, por exemplo, eu entrei e estava na época de Copa do Mundo, eu peguei o Futebol e estava introduzindo algumas coisas, eu ouvia coisas do tipo: essa professora não sabe dar aula. Isso não é Educação Física. Se você não sabe apitar um jogo, você não é professora. (Professora 5)

A imagem do/a professor/a de Educação Física, enquanto técnico/a esportivo/a, ainda é muito presente no interior das escolas, reflexo do currículo esportivista, por longo tempo hegemônico na área de conhecimento, fazendo com que os/as estudantes, de certo modo, estranhem um jeito diferente de trabalho. Desenvolver um currículo de Educação Física sob a perspectiva cultural parece ser ainda mais complicado nas séries finais do Ensino Fundamental, principalmente quando o trabalho realizado nas séries iniciais pauta-se na lógica esportivista ou recreativa.

> Dependendo da série que você pega é muito doloroso você tentar mudar. Às vezes, você nem consegue. Assumir uma turma de sétima série, final de Ciclo II, que vinha numa outra perspectiva, e você querer atuar de outra maneira é dar murro em ponta de faca. É muito difícil, a resistência é muito grande.

(Professor 4)

As práticas pedagógicas fundamentadas na perspectiva progressista da educação, conforme salientam Neira e Nunes (2006, p. 208), ao serem introduzidas no universo escolar, dificilmente serão legitimadas, em um primeiro momento, pelo fato de não contemplarem as expectativas dos/as estudantes que ainda estão presos/as aos modelos anteriores. Nos dias atuais, a identidade da área de Educação Física ainda está condicionada ao modelo esportivista e recreacionista.

Entretanto, longe de ser encarada como um impeditivo ou fator que impossibilite sua efetivação, a resistência inicial dos/as estudantes frente ao currículo de Educação Física sob a ótica cultural precisa, primeiramente, ser compreendida pelos/as professores/as multiculturalistas críticos/as para que, em seguida, estratégias de negociação e convencimento sejam articuladas para romper essa fronteira. Tempo, paciência e abertura para o diálogo no compartilhamento dos objetivos do trabalho a ser desenvolvido foram pontos levantados pelo Professor 1:

> [...] eu tive muitas dificuldades no início quando eu cheguei, em 2008, justamente pelo fato de algumas crianças já terem uma certa representação de Educação Física que não era essa proposta do currículo multicultural. E eu tive muita paciência também em entender que esse processo é um processo de desconstrução e construção diariamente. E foi muito importante a paciência, o diálogo com os alunos, esclarecer que Educação Física era essa. Então houve muitas rodas de conversa, pra justificar porque assim, e não de outra forma. E com o tempo, os alunos foram entendendo melhor, compreendendo porque as aulas não aconteciam num único espaço pedagógico, ou seja, a quadra. Porque nós viemos pra sala de vídeo, porque nós utilizávamos a sala de informática, porque nós assistíamos alguns vídeos, porque traríamos para as nossas aulas algumas manifestações que eles não haviam visto aqui dentro da escola, apenas fora. Então a gente foi desconstruindo isso com o tempo. (Professor 1)

Nesse jogo de sedução, no qual o/a docente tenta convencer os/as discentes de que as aulas de Educação Física precisam ocorrer de um jeito diferente do modelo esportivista, a ação dialógica assume um papel central, para não correr o risco daquilo que Paulo Freire (2005) chama de "invasão cultural". Se o/a professor/a progressista desconsiderar as experiências prévias e as representações dos/as estudantes, e, em uma ação antidialógica, tentar conquistá-los/as, impondo sua visão de mundo, padecerá do mesmo mal da elite dominante.

O professor 3 compreendeu, da maneira exposta a seguir, a resistência inicial dos/as alunos/as frente ao currículo de Educação Física sob o enfoque cultural:

> [...] ao pensar num currículo multicultural dentro da escola e ao trazer os conhecimentos de determinado grupo, o outro vai resistir. E essa resistência, essa representação é que dá a base pra gente fazer o nosso trabalho. Porque essa representação está sempre impregnada por um olhar branco, por um discurso heterossexual branco. Então, quando você começa a trazer pra dentro da escola os conhecimentos da cultura negra, das mulheres e outros conhecimentos de gênero, de classe, de etnia, existe uma resistência muito grande. (Professor 3)

Um currículo multiculturalmente orientado em uma perspectiva crítica, como já exposto anteriormente, pretende incorporar os saberes dos grupos que, durante longo tempo, ficaram à margem do contexto escolar, não tendo suas identidades reconhecidas. Como a escola sempre foi pautada pela lógica da homogeneização, na qual os grupos marginalizados tinham de adaptar-se ao currículo hegemônico (geralmente branco, masculino, etnocêntrico), ao abrir espaços para as práticas corporais características dos subalternizados, a cultura padrão e os grupos que têm suas identidades reconhecidas nela ficam "estremecidos" e, de certa forma, resistem, como destaca o professor 3.

Entretanto, como bem aponta o mesmo professor, essa resistência é que fornece elementos que podem ser problematizados pelos/as multiculturalistas críticos/as. Para McLaren (1997, p. 221), o maior drama de resistência nas escolas é um esforço da parte dos/as estudantes em trazer sua cultura de rua para a sala de aula. Mas é preciso atentar para o fato de que, ao incorporar no currículo multicultural as manifestações da cultura corporal dos grupos subjugados, o grupo dominante também pode resistir. E é nesse território, marcado por relações de poder, que o/a professor/a pode organizar suas estratégias didáticas e encontrar caminhos para problematizá-las junto aos/às estudantes.

Engana-se, porém, quem pensa que a resistência dos/as alunos/as constitui o único obstáculo a ser ultrapassado. Segundo o professor 4, que trabalha há muito tempo na rede municipal de ensino de São Paulo, desconstruir sua própria concepção de Educação Física, em um primeiro momento, foi a principal fronteira a ser rompida.

> Uma primeira dificuldade que eu tive, muito forte, é de romper com algumas questões instaladas em mim professor, que também sou fruto, como aluno, de uma Educação Física que era de outro jeito. Na graduação idem. Atuei muito tempo assim. Então a primeira dificuldade é você conseguir romper com as questões que estão internalizadas já, de um certo jeito de ser professor. Então esse é um primeiro limite a ser superado. E não é fácil. É bastante complicado porque quando surge alguma dificuldade, você vê que se voltar pra receita anterior, você já acomoda a situação. (Professor 4)

Esse depoimento realça a necessidade de incorporar, nos currículos dos cursos de licenciatura da área de Educação Física, disciplinas acadêmicas que se aproximem do contexto escolar e das problemáticas que atingem o cotidiano dos/as professores/as. A dificuldade levantada pelo professor 4 é compartilhada por Neira (2009) que, ao constatar as representações distorcidas sobre a docência na Educação Física, em um grupo de professores/as recém-formados/as, e investigar os currículos que acessaram, posiciona-se afirmando que o currículo dos cursos de formação inicial é o principal responsável pela polifonia e confusão conceitual inicialmente constatadas.

Contrariamente, a professora 5 não teve problemas em identificar-se e, posteriormente, engajar-se politicamente em relação à perspectiva cultural de Educação Física, visto que, em sua formação inicial (Graduação), teve contato com os Estudos Culturais por meio de um dos elaboradores do caderno de Orientações Curriculares. Essa experiência, na Graduação, foi crucial para sua formação político-pedagógica, de forma que seu ingresso na carreira docente já se deu inserido na perspectiva cultural.

> [...] eu fui orientanda do Mario. Eu fiz TCC com ele. E eu era da Dança. Eu fiz Educação Física pra poder trabalhar Dança na escola. Mas eu pensava em Dança na escola de forma extracurricular ou por projeto. Eu não achava possível trabalhar com o conteúdo Dança dentro das aulas de Educação Física. Eu sempre fui péssima nos esportes. Então, eu nunca me imaginava professora de Educação Física no cur-

rículo. E eu tive essa formação dentro do esporte. Eu falava: como eu vou ensinar Vôlei, dar toque e tal. Aí eu tive contato nas aulas do Mario, fui conhecendo essa outra proposta de trabalho e percebi que desse jeito eu posso trabalhar. No TCC, minha pesquisa foi de Dança na escola, como esse conteúdo poderia entrar nas aulas de Educação Física pelo viés dos Estudos Culturais e das pedagogias pós-críticas. Aí eu comecei a estudar mais, comecei a fazer parte do Grupo de Estudos da USP, comecei a me interessar mais pelo assunto. (Professora 5)

A resistência pelo currículo multicultural crítico da Educação Física ocorre também por parte de outros/as profissionais que atuam no interior das escolas. O professor 3 denuncia que essa aversão à perspectiva cultural do componente curricular atinge parte da direção e parte dos/as professores/as, tanto de Educação Física, quanto de outros componentes curriculares.

[...] ao trazer determinados conhecimentos pra dentro do currículo, muitos atores da escola vão resistir. Os alunos, a direção, por não entender os professores que, às vezes, resistem. Porque você está trazendo pra dentro da escola saberes que sempre foram marginalizados. (Professor 3)

A repressão da direção escolar é outra fronteira a ser transposta pelos/as docentes que trabalham na perspectiva cultural. Os dois relatos a seguir evidenciam esse obstáculo:

[...] na semana passada eu estava trabalhando a pipa, os moleques trouxeram o "cerol" e nós fomos fazer uma vivência no campo do "cerol". Aí a vice-diretora invadiu o meu espaço, pediu para o moleque descer a pipa e tomou a carretilha do moleque. E aí teve uma discussão muito grande com a diretora porque ela não reconhece a cultura popular e também não estuda as Orientações. Então ela queria me representar por causa disso e ela foi muito grossa comigo. E eu também fui muito grosso com ela e mesmo assim eu não deixei de olhar essas questões de trazer o "cerol" pra dentro da escola. É uma briga constante porque eles não leem, eles não querem se desgarrar de algumas coisas e pra eles acaba sendo crime certas questões que a gente olha com outro olhar nesse momento. (Professor 3)

A direção, eu tive um pouco de resistência no começo. Por exemplo, eu estava trabalhando Futebol e eu quis trabalhar com videogame. Numa parte do projeto, eu não tinha videogame e combinei para eles trazerem. Foi furada total. A diretora brecou na hora, me proibiu de trabalhar com o videogame. Pegou o videogame do aluno, pediu para o pai ir buscar, porque se quebrasse eu iria ter que assumir. Os alunos que levaram o videogame ficaram muito frustrados. A diretora falou: Não, porque vai dar briga, se quebrar você vai pagar. Mesmo eu me responsabilizando. Eu falei: e se eu fosse trabalhar na sala de informática, com jogos, poderia? Poderia, mas aí você tinha que ver se a sala estava livre. E se o videogame fosse meu, poderia? (Professora 5)

Entretanto, é necessário frisar que o documento "Orientações Curriculares e Proposição de Expectativas de Aprendizagem", fornecido pela SME/SP, aponta como dever da Educação Física, na concepção cultural

> [...] garantir ao educando o acesso ao patrimônio da cultura corporal historicamente acumulado por meio da experimentação das variadas formas com as quais ela se apresenta na sociedade, analisar os motivos que levaram determinados conhecimentos acerca das práticas corporais à atual condição privilegiada na sociedade, como, também, refletir sobre os conhecimentos veiculados pelos meios de comunicação de massa e os saberes da motricidade humana reproduzidos pelos grupos culturais historicamente desprivilegiados na escola. (SME/DOT, 2007, p. 35).

Dessa maneira, o professor 3 e a professora 5 pretendiam desenvolver suas ações didáticas pautados na proposta curricular defendida pela SME/SP. Para não deixar dúvidas de que os/as docentes trabalhavam ancorados pela proposta curricular, evidencia-se que a manifestação da atividade do jogo de videogame aparece explicitamente no documento:

> [...] são consideradas temáticas de ensino todas as manifestações da cultura corporal: os esportes midiáticos, os esportes radicais (...) os videogames... (p. 35)

Foi solicitado ao professor 3, na entrevista, que explicitasse o objetivo do trabalho com a pipa e o "cerol":

> A orientação e seu referencial sugerem trazer o conhecimento do jeito que ele é e, a partir da leitura inicial, problematizar e desvelar as identidades que ali estão sendo forjadas. Trazer a

pipa sem o "cerol" é jogar bola sem poder fazer gol, descaracteriza a essência que está marcada ali naquele texto cultural. Mas não é apenas isto, eles precisam acessar outros tipos de vivência da pipa, se posicionar e construir novas formas, colocá-los como produtores culturais, e por aí vai. Trouxe para dentro da escola para eles perceberem que a escola também reconhece seus saberes e também que, ao problematizar, eles/as disseram que meninas não empinam pipa. Então quis descontruir este discurso também. (Professor 3)

De acordo com Neira e Nunes (2009a), de nada adianta a escola, em um ato de imposição cultural e boa dose de moralismo, proibir as práticas da cultura popular. Nas comunidades em que o uso do "cerol" para empinar pipas é uma constante, costumeiramente o discurso escolar de coibição surte pouco efeito (p. 118).

O professor 3, inspirado nas elaborações dos Estudos Culturais, pretendeu trazer para o interior da escola a prática da cultura popular (pipa com "cerol") da forma que ela se manifesta na sociedade, legitimando-a no currículo escolar. É importante destacar, também, a partir de seu discurso, que esse trabalho possuía uma intencionalidade, tratava-se de um trabalho de crítica e não apenas de reprodução, descontextualizado da proposta curricular.

Giroux e Simon (2009, p. 96) destacam a importância de uma pedagogia crítica por meio da análise de suas relações potencialmente transformadoras com a esfera da cultura popular. Segundo os autores, a cultura popular representa um importante campo pedagógico no qual são levantadas relevantes questões sobre os elementos que organizam a base da subjetividade e da experiência do/a aluno/a. Ao trazer a pipa para dentro da escola, o professor 3 identificou que existia um certo preconceito dos meninos em relação às meninas quanto à prática dessa manifestação cultural, e pretendia problematizá-la no decorrer das aulas, mas foi coibido pela diretora.

A administração escolar (direção e coordenação) que, entre outras atribuições, deveria aproximar-se dos/as professores/as, buscando conhecer a realidade local e atuar na gestão da aprendizagem e na formação dos/as educadores/as, parece não se interessar pelas questões voltadas para a Educação Física, conforme apontado pela professora 2 e pelo professor 4.

[...] o que eu acho que atrapalha é uma falta de amparo. Nunca a coordenadora pedagógica desceu na quadra e veio me perguntar: como está sua aula? Como você está fazendo? E quando eu falo pra ela essas coisas, ela ri, disfarça e acha que eu estou brincando (...) existe uma coisa muito forte na escola de que se o professor dá conta ali da sua turma, se não dá briga, se não fica chamando, ele é um bom professor e as coisas estão em ordem. A Educação Física fica bem aquém, bem marginalizada. (Professora 2)

A administração da escola, com raríssimas exceções, elas estão muito atoladas na burocracia da escola, que é grande. E o que elas querem é o seguinte: se o professor não falta, não chega atrasado, não se afasta, esse professor é ótimo. O que ele está fazendo não importa. (Professor 4)

A situação é agravada quando outros/as professores/as de Educação Física, que poderiam ajudar a fortalecer o trabalho com a área em uma perspectiva transformadora, disposta a atender a diversidade cultural cada vez mais presente nos bancos escolares, muitas vezes reproduzem a lógica esportivista da área por meio de práticas descomprometidas com a função social da escola ou, ainda, sabotando o trabalho dos professores/as multiculturalistas críticos/as.

[...] eu percebi que a maior resistência é com os professores de Educação Física que politicamente não se identificam com isso. Vou até te dar um exemplo. Em determinado momento, eles se organizaram e foram reivindicar pra diretora que eu estava indo trabalhar de calça jeans. E que eu estava trabalhando com a pipa, trabalhando nas aulas de Educação Física onde eles não me viam em pé. Eles me viam, muitas vezes, sentado e os alunos fazendo aula. Eles se incomodavam muito, porque tem momentos da aula que não são todos que fazem. E não consigo entender porque que todos têm que fazer. Então a maior parte da resistência foi por parte dos outros professores de Educação Física. (Professor 3)

Trabalhar na perspectiva cultural e convencer os alunos e alunas da importância dessa opção político-pedagógica torna-se ainda mais desafiador quando eles possuem uma representação da Educação Física muitas vezes reforçada cotidianamente por outros/as profissionais da mesma área de conhecimento.

Uma dificuldade é você não ter um projeto da Educação Física pra escola. Então é muito complicado. Você já tem essa cultura instalada. Nós somos cinco professores de Educação Física. Então é muito difícil você fazer um trabalho nesse nível onde o aluno tem o comparativo a todo o momento. E o comparativo é na quadra do lado. Não é que ele ouviu falar. Não. Está do lado. Eu estou fazendo um tipo de proposta e o colega ao lado está fazendo outra. Muitas vezes aquela de jogar a bola. (Professor 4) Se você tem numa escola vários professores de Educação Física, aí você trabalha na perspectiva com outro trabalho, eles veem o outro. Entendeu? Eu tive nessa escola, eu trabalho nessa perspectiva e tinha o outro professor de 7ª e 8ª que era só Futebol. Não é que ele dava esporte. Era só Futebol. Os meus alunos viam e eu era cobrada. E é muito engraçado, porque eles pegam a referência de que ele é o professor de Educação Física. Ele está fazendo o certo. Você brigar com esses valores é muito complicado. (Professora 5)

Os/as professores/as de Educação Física que pretendem trabalhar na perspectiva cultural precisam lidar com esse tipo de situação, na qual o/outro/a profissional, que poderia ajudar na luta pela valorização da área de conhecimento, possui uma prática descomprometida com a função social da escola, concebendo a aula de Educação Física como um espaço destinado para recrear, um momento em que alunos/as podem realizar atividades desprovidas de objetivos educacionais, fortalecendo uma determinada identidade da área.

Ao ingressar na rede municipal de ensino de São Paulo, já conhecedora prévia e sensível à proposta curricular de Educação Física da Prefeitura, a professora 5, disposta a desenvolver um trabalho subsidiado pelo campo teórico dos Estudos Culturais, recebeu o seguinte "cartão de visitas" do "colega" de profissão:

> Foi muito engraçado que quando eu entrei, teve um professor de Educação Física da escola que veio me dar conselhos. Ele falava: olha, nada de atividade na sala. As crianças ficam o dia inteiro sentadas. Esquece isso que não vai dar certo. Leva eles pra quadra, joga a bolinha que eles se viram e você não precisa fazer nada. (Professora 5)

Romper com a representação enviesada dos/as professores/as das demais áreas constitui outra fronteira a ser ultrapassada.

> [...] eu senti resistência, por exemplo, das professoras do Ciclo I. Quando eu dava atividade na sala, elas não gostavam. Elas achavam que eu tinha obrigação de levar eles pra quadra e dar prática, pois elas eram as professoras de sala. Tem muito professor que fala: mas você vai ficar na sala na aula de Educação Física? Vou! A atividade hoje é em sala. Isso é difícil porque, ao invés do profissional te dar um suporte, ele ainda mostra para o aluno que a gente não deveria estar ali. (Professora 5)

A professora 2 aponta a dificuldade em mudar as representações dos alunos e alunas quando não se tem um projeto multicultural que englobe toda a escola. O trabalho realizado nas aulas de Educação Física, ancorado no multiculturalismo crítico e nos Estudos Culturais, que visa à desconstrução de estereótipos e preconceitos relacionados a gênero, etnia, classe social etc., se enfraquece quando os/as outros/as profissionais da escola possuem uma visão monocultural. Em dois momentos, ela exemplifica essa falta de sintonia entre os membros da equipe escolar:

> Não dá pra fazer um trabalho sozinha. Se você pensar nessa proposta, se você pensar nos Estudos Culturais, não sou eu entrando lá duas vezes por semana, 45 minutos, que eu vou conseguir fazer um trabalho que mude algumas questões deles sobre a escola. Porque eu vou lá e falo um monte de coisas, faço um monte de coisas e, quando entra na sala de aula, a professora faz o contrário. A gente, esse ano, trabalhou com o Futebol no primeiro semestre e o que apareceu muito era a questão do Futebol feminino, do preconceito, se as meninas sabem jogar ou não sabem, podem, não podem participar. Essas coisas todas foram surgindo, a gente foi construindo algumas coisas, discutindo e aí: ah, mulher pode, mulher não pode, mulher deve, não deve? Aí chega na sala de aula, se tem alguma menina bagunçando, a professora vira e fala: meu, é uma menina! Onde já se viu uma menina bagunçar? Então vai reforçando que menino pode bagunçar, menina não pode. Menino pode jogar Futebol, menina não pode (...) eu tento construir que não existem coisas de menino e de menina, mas isso foi construído culturalmente, o preconceito existe e tal, mas as professoras ficam o tempo todo falando: as filas de meninos, filas de meninas. E aí as meninas têm que entrar antes. Aí eu falo: ó, por que você está fazendo isso? Pra que eles sejam cavalheiros. Mas não é assim que eles vão ser cavalheiros. Entram elas na frente e eles entram cacetando elas.

Eu acho que isso não muda a postura. Então, acho que isso é um dificultador. (Professora 2)

Quando eu tenho HA[11], muitas vezes, é um inspetor de alunos que levam eles, ou pra área verde (a gente tem um espaço lá que é uma área verde), ou pra quadra quando eu não estou. Quando eu estou lá eles não descem. E aí eles levam cordas para as meninas e bola para os meninos. Então os meninos têm que jogar futebol e as meninas têm que brincar de corda. (Professora 2)

Louro (1997), apoiada na trilha teórica desenvolvida pelo filósofo Michel Foucault, denuncia as práticas cotidianas e mecanismos desenvolvidos no interior das escolas que, mesmo sutis, e algumas vezes imperceptíveis, ajudam a "fabricar" os sujeitos, produzindo reproduzindo e/ou refletindo as concepções de gênero e sexualidade que circulam na sociedade. A crítica apresentada pela professora 2, em relação aos procedimentos adotados pelas professoras de ciclo I e inspetores de alunos/as, está em consonância com o questionamento levantado pela autora:

[...] Como professoras de séries iniciais, precisamos aceitar que os meninos são "naturalmente" mais agitados e curiosos que as meninas? E quando ocorre uma situação oposta à esperada, ou seja, quando encontramos meninos que se dedicam a atividades mais tranquilas e meninas que preferem jogos mais agressivos, devemos nos "preocupar", pois isso é indicador de que esses/as alunos/as estão apresentando "desvios" de com-

---

[11] HA: hora-atividade. Momento em que a professora não leciona, a fim de cuidar de questões pedagógicas (realizar leituras, corrigir provas, elaborar planejamento etc.).

portamento? (LOURO, 1997, p. 64).

A autora também admite que uma pedagogia feminista, disposta a subverter essas divisões sociais, problematizando as desigualdades vividas por meninas e mulheres em relação aos meninos e homens no interior da escola, precisa contar, necessariamente, com a construção de redes de aliança e solidariedade entre os vários sujeitos envolvidos nas práticas educativas – dentro e fora da escola.

A ausência de um projeto coletivo voltado para as questões multiculturais também foi sinalizada pela professora 5:

> [...] esse é um limite, quando você não tem ajuda de outros professores para complementar aquilo. Eu acho que o propósito maior da proposta, de transformação, essa questão de formação de identidades e tudo mais, às vezes, não se aprofunda tanto como deveria. Porque você fica só na Educação Física e se ele não consegue enxergar essas relações nas outras, você vê que, às vezes, aquilo que você ouve em uma semana, perde, entendeu? (Professora 5)

A falta de verba para a promoção de visitas a outros espaços pedagógicos (museus, estádios de Futebol etc.), que poderiam contribuir na estratégia de aprofundamento e ampliação de saberes, como sugere o próprio documento "Orientações Curriculares" da SME/SP. Essa questão também é apontada, pela professora 2, como uma fronteira a ser ultrapassada. Na verdade, ela questiona se o problema real é a falta de verba da escola ou o grau de importância que tal ação representa nas prioridades da administração escolar.

Na minha escola outra coisa que dificulta são as questões de verba. Às vezes a gente quer levar os alunos, tivemos o estudo do Futebol, eu queria levá-los ao estádio do Morumbi e o que emperra é a questão do dinheiro. Por mais que vem um discurso: ah, a escola tem dinheiro, a escola recebe verba, mas essa não é a prioridade! Pelo menos na minha escola, o pedagógico, as saídas, eu não vejo como prioridade. Às vezes, eu bato o pé, quebro o pau, e algumas coisas saem. Eu consegui levá-los, mas a gente tem que cobrar do aluno e nem todo aluno pode pagar. E aí quando você tem que cobrar você exclui alguns. Muitas vezes são os que mais precisam. (Professora 2)

A rigidez da grade horária escolar, somada à inflexibilidade das professoras de Ciclo I, dificulta o desenvolvimento das aulas de Educação Física pautadas na proposta curricular da rede municipal de ensino de São Paulo, conforme salienta a mesma professora.

O que eu acho um pouco difícil é que quando a gente vai pensar nas questões que estão aqui nesse caderno, a gente não consegue ficar engessado no nosso horário de 45 minutos, de duas vezes por semana. Eu preciso fazer algumas saídas, alguns passeios ou, às vezes, trazer algumas pessoas pra falar na escola. Então uma questão que eu tenho dificuldade é nessa flexibilidade de horário (...) eu precisava fazer alguns arranjos de horários e as professoras não abrem mão, a direção nem sempre vai lá, e "ó" pessoal, é um trabalho do grupo, um trabalho da escola. Então nem sempre isso acontece. E essas coisas aparecem o tempo todo. Assim, muitas vezes o coletivo, nesse espaço, não interessa, os interesses individuais vão superando.

(Professora 2)

A forte estrutura fordista (SANTOMÉ, 1995) da instituição escolar dificulta e, muitas vezes, limita o espaço para experiências inovadoras. O modo de funcionamento da escola, infelizmente, favorece muito mais o individualismo, no qual os/as docentes, devido à estrutura rígida, pouco se reúnem, tendo de dar conta de sua disciplina no horário pré-fixado; e impossibilita ações coletivas nas quais os/as professores/as sejam estimulados/as a desenvolver projetos interdisciplinares, em parceria com outros/as profissionais.

A professora 5 gostaria de acompanhar a mesma turma de alunos/as por todo o Ensino Fundamental para verificar se o currículo de Educação Física, na perspectiva cultural, de fato, promove a mudança de postura ou a transformação desejada na constituição das identidades e respeito à diferença. Algo praticamente impossível de acontecer, já que a política adotada pela Prefeitura de São Paulo não privilegia essa questão na atribuição de aulas aos professores da Rede.

> Eu acho que a questão de perceber a diferença em relação ao outro ainda é muito difícil. Ele sabe que não dá pra você xingar, sabe que não dá pra você ser intolerante, mas essas mudanças a gente percebe que são muito sutis (...) eu também percebi que as coisas precisam de um longo prazo. Se eu quero realmente ver as mudanças, de fato, que esse currículo promove, eu tenho que continuar trabalhando com eles até

a 8ª série, porque eu acho que dá tempo deles absorverem algumas coisas. Na 3ª, 4ª, 5ª série são séries difíceis de você trazer conceitos, trabalhar identidade. Ainda é muito superficial trabalhar a diferença. (Professora 5)

O professor 4, que participou do Grupo Referência e desenvolve o trabalho de formação continuada na rede municipal de ensino de São Paulo, critica a contradição existente entre a proposta curricular de Educação Física defendida pela Prefeitura e as outras ações que ocorrem simultaneamente na mesma Rede de Ensino, como os cursos de formação de caráter técnico e a promoção de turmas de treinamento esportivo.

[...] a mesma prefeitura abre possibilidades no seu currículo para cursos técnicos. É uma contradição tremenda. Quer dizer, se estou fazendo uma tremenda luta de formação, de investimento pra que a escola encampe um determinado currículo, que é esse que a gente está discutindo, nessa perspectiva, e aí eu mando pra mesma escola, pra mesma Rede, formação de turmas de treinamento, curso de ginástica rítmica desportiva, curso técnico de voleibol, curso técnico de judô, eu estou sendo contraditório com aquilo que eu me predispus a fazer (...) na prática você está lá fazendo um empenho danado, realizando formação, vai lá com o professor, conversa, estuda o documento junto, tenta realizar o planejamento nessa direção, aí chega lá: pessoal, vai ter turma de treinamento. O cara larga tudo e vai montar turma de treinamento. (Professor 4)

Moreira e Macedo (2001), que defendem uma formação docente centrada no conhecimento, na cultura e na crítica, que considere a atividade docente como atividade intelectual, enfatizando seu aspecto político, rejeitam esse modelo de formação composto por cursos técnicos, já que a função do/a professor/a fica reduzida à de um/a técnico/a competente, capaz de evidenciar que sabe fazer o que uma dada situação supostamente exige (p. 120-1).

Em seu discurso, o professor 4 refere-se às contradições existentes na política educacional e de formação da SME/SP, que, ao mesmo tempo em que apoia uma proposta curricular de Educação Física em uma concepção (cultural), que critica, assumidamente, a existência de turmas de treinamento no ambiente escolar, possibilita que esse tipo de ação ocorra nas escolas, promovendo, inclusive, torneios esportivos escolares. É bom lembrar que o/a mesmo/a discente que participa das aulas curriculares de Educação Física, organizadas na perspectiva cultural, é o/a mesmo/a aluno/a que, no contraperíodo, participa das turmas de treinamento esportivo, muitas vezes com o/a mesmo/a docente nos dois ambientes de aprendizagem. Se o currículo está inextricavelmente envolvido naquilo que somos, naquilo que nos tornamos, se o currículo forja identidades e atua nas subjetividades (SILVA, 2009), é preciso questionar quais identidades a SME/SP pretende formar ao promover propostas tão antagônicas e conflitantes no mesmo espaço educacional.

Se o currículo oficial prescrito de Educação Física, proposto pela SME/SP, está ancorado no multiculturalismo crítico e nos

Estudos Culturais,

> [...] a formação continuada dos/as professores/as não pode ser concebida como um meio de acumulação (de cursos, palestras, seminários etc., de conhecimentos ou de técnicas), mas sim por meio de um trabalho de reflexividade crítica sobre as práticas e de (re)construção permanente de uma identidade pessoal e profissional, em interação mútua. (CANDAU, 1997, p. 64).

O professor 4 tem razão ao criticar as contradições existentes na política de formação da SME/SP para a área de Educação Física. Se o currículo oficial está pautado na perspectiva intercultural crítica, a formação de professores/as precisa estar articulada com esse referencial teórico. Se essa perspectiva exige uma preparação de professores/as para lidarem com a pluralidade cultural dos/as alunos/as, é necessária uma política de formação que desafie preconceitos, questione conteúdos e metodologias que discriminam padrões culturais e preconizam um monoculturalismo artificial (CANEN, 1997, p. 232), como é o caso dos cursos técnicos de Voleibol, Judô, Ginástica Rítmica Desportiva, promovidos pela SME/SP e criticados pelo professor 4.

Antes de abordar as potencialidades pedagógicas das aulas de Educação Física pautadas na perspectiva cultural, será esboçado uma breve síntese das principais fronteiras apontadas pelos/as docentes entrevistados/as, apontando caminhos para que a SME/SP repense sua política educacional. Primeiramente, constata-se, a partir das entrevistas com os/as professores/as, que eles/as estão praticamente sozinhos/as na luta pela consolidação da prática da proposta curricular oficial.

As principais fronteiras apontadas pelos/as professores/as entrevistados/as residem na dificuldade em encontrar parceiros/as que os/as ajudem a colocar em prática a proposta curricular oficial. Existem professores/as do mesmo componente curricular que trabalham com propostas homogeneizantes, que colidem com a proposta multicultural, em um mesmo ambiente escolar. As professoras de sala (Ciclo I) desconhecem a proposta de Educação Física e reforçam a construção de identidades que a perspectiva cultural pretende justamente desconstruir ou mudar de representações. Os/as coordenadores/as pedagógicos/as, responsáveis pela formação contínua dos/as docentes, e os/as diretores/as escolares, muitas vezes, desconhecem o conteúdo do documento oficial de Educação Física, colocando, dessa forma, entraves para o desenvolvimento do trabalho na perspectiva cultural.

Como frisa Stenhouse (1991), o poder de um professor isolado é limitado. O autor reconhece que, sem os esforços dos/as docentes, jamais se pode alcançar a melhoria das escolas; porém, os trabalhos individuais são ineficazes se não estão coordenados e apoiados. Nas entrevistas realizadas, percebe-se que os/as professores/as estão encontrando sérias dificuldades no relacionamento com outros profissionais da escola, prejudicando a consolidação do currículo oficial na prática. Essas evidências, apontadas nas falas dos/as professores/as, lançam um alerta para a política educacional da Prefeitura de São Paulo. Talvez sua política de formação de professores esteja sendo insuficiente para a consolidação do currículo oficial na prática. Esse pensamento, de alguma forma, explicita-se na inquietação de um dos elaboradores da proposta, participante desta pesquisa.

> [...] a gente precisa tratar mais dessa discussão com os coordenadores pedagógicos, porque eles são pessoas fundamentais na implantação dessa proposta [...] as pessoas que estão lá nas escolas pra organizar a ação didática, pra coordenar o projeto institucional, às vezes, não estão sabendo. Então é bom que sejam feitas ações com eles [...] a prefeitura precisa abrir os olhos pra essas coisas. Porque, até então, havia uma preocupação que, basta eu formar o professor pra isso. Não! Se você formar só o professor pra isso, lembra, na escola ele tem colegas que podem não estar formados pra isso. Na escola ele tem chefes, não chefes, mas coordenadores, que também podem não estar formados pra isso. (Elaborador 2)

Nas entrevistas realizadas com os dois elaboradores da proposta curricular de Educação Física, constatou-se uma posição crítica de ambos quanto à desorganização da equipe responsável pela Política Educacional da Prefeitura de São Paulo.

> [...] o que eu posso falar pra você é que esse documento ainda não chegou na rede. Eu acho que a força que a Secretaria faz pra chegar esbarra nas forças que a Secretaria faz pra não chegar. É uma loucura! (Elaborador 1)

Nos encontros de formação com os/as professores/as, os elaboradores da proposta encontram situações que justificam essa desorganização da SME/SP.

[...] os cursos têm servido, principalmente, pra gente distribuir o documento, porque muitos professores da rede falam que não têm. Embora tenham sido feitos documentos pra todos os professores da rede, eles não chegaram a eles. Ou seja, o que está acontecendo? A própria estrutura interna [...] outro sintoma interessante, quando eu mostro os vídeos que são institucionais, são da Prefeitura, mostro os vídeos nos cursos, os professores não sabiam que existiam os vídeos. Ou seja, chegou pro CP e o CP não fez com que os professores soubessem disso. (Elaborador 2)

Você vê que é da organização. Eu dei um curso, agora, no começo desse ano, com um pessoal da Lapa, e no começo a mesma coisa. Apresento o caderno, o cara fala: o que é isso? Ah, você é novo na rede? Não, não sou. Então a escola dele nem sabe. (Elaborador 1)

Se um currículo multiculturalmente orientado tem como uma de suas premissas o fato de que o/a aluno/a deva ser capaz de modificar sua conduta em relação aos grupos que têm sido alvos de preconceitos e pensar em alternativas para as situações que têm reforçado e preservado tantos privilégios (MOREIRA; CÂMARA, 2008, p. 52), certamente esse trabalho teria maiores chances de êxito, caso a escola, como um todo, em seu Projeto Político Pedagógico, envolvesse todos/as os/as profissionais que nela estão inseridos/as e que são corresponsáveis pela educação das crianças e jovens. E a SME/SP precisa articular estratégias políticas que facilitem a construção desse árduo e longo caminho.

Apresentadas as dificuldades encontradas pelos/as docentes no cotidiano das aulas de Educação Física, organizadas na concepção cultural, a partir das entrevistas realizadas, esta parte do trabalho de pesquisa se focará nas potencialidades pedagógicas do currículo cultural, sustentando a ideia de transgressão de fronteiras, na qual os/as professores/as, enquanto intelectuais transformadores (GIROUX, 1992) constroem alternativas para superá-las, remarcando as regiões limítrofes.

Apesar da resistência inicial dos alunos e alunas quanto ao currículo cultural da Educação Física, identificada nas entrevistas com os/as professores/as, constata-se que, no decorrer do tempo, ocorre um processo inverso, ou seja, a comunidade escolar (alunos/as, professores/as, direção, familiares) passa a valorizar a Educação Física enquanto área de conhecimento que possui objetivos alinhados com o projeto político pedagógico da escola. Essa valorização, por parte do/a estudante, é mencionada pelo professor 1:

> A valorização mudou muito. Eles percebem hoje que a Educação Física é um componente curricular que possibilita estudar, aqui dentro da escola, as manifestações culturais. Deixou de ser ou de ter a ideia de que é a aula do brincar ou a aula livre. Tem-se um projeto e aquele tema que será desenvolvido durante o ano, ele será estudado. E a forma de estudar, como eu já havia dito, passa por pesquisas, discussões, diferentes ambientes didáticos, saídas (...) Aquele aluno que talvez tinha

uma certa rejeição, ao final, ele passou a ver de outra forma.

(Professor 1)
Após um árduo trabalho de negociação de significados e convencimento, o professor 4, que admite a dificuldade enfrentada durante o processo, exalta a mudança de postura dos/as estudantes nas aulas de Educação Física, na perspectiva cultural, enfatizando a possibilidade que esse currículo abre para que os alunos e alunas, com menor habilidade motora ou capacidade física (historicamente excluídos do processo em outras concepções), sintam-se valorizados/as e tenham a oportunidade de participarem do aprendizado dos temas da cultura corporal.

> [...] eu pude perceber que tem um trabalho de convencimento que é difícil, que tem resistência, pois eles estão habituados com outras coisas, mas o convencimento é a própria prática. Na medida em que eles vão sendo desafiados a ver que a Educação Física pode ser de outro jeito, eles vão entrando no jogo, vão se interessando e eles vão percebendo que, independentemente da prática, eu posso aprender. Isso foi bem legal, pois tinha uma menina com o corpo bem avantajado, não era obesa, mas era bem gorda e ela não participava de quase nada. Nesse projeto ela participou muito, sem participar da prática. Então ela assumiu um posto de liderança no grupo dela. Ela foi organizadora da coreografia. Ela corrigia. Na hora de apresentar o trabalho, além da questão corporal, ela escreveu uma poesia do processo da ginástica, colocando a importância. Ou seja, eu percebi que a gente alcançou o objetivo dos alunos

entenderem um pouco mais do que é ginástica. Então até quem não efetivamente praticou a ginástica conseguiu aprender. E aquele trabalho que ela fez, uma poesia, ela descreveu coisas que demonstravam, que deixava claro que ela aprendeu. (Professor 4)

Esse processo acontece porque a concepção cultural da Educação Física não privilegia apenas o saber-fazer, ou seja, as vivências práticas, com o intuito dos/as alunos/as aprenderem somente os movimentos característicos de determinada prática corporal. Ao tematizar a Ginástica, por exemplo, o professor 4 possibilitou uma ampliação de saberes referentes a essa manifestação, de forma que realizar os fundamentos específicos da Ginástica era apenas uma etapa do processo de conhecimento. Essa postura pedagógica favoreceu, inclusive, que a garota mencionada assumisse o posto de líder do grupo, produzisse conhecimento a partir do gênero poético e participasse ativamente de todo o processo.

A professora 5, que se queixava da representação enviesada que os/as alunos/as tinham das aulas de Educação Física, muitas vezes reforçada pela atitude do outro professor da área, que tinha uma prática descompromissada e alheia ao contexto escolar (só oferecia o Futebol), ao trabalhar com a manifestação Dança, provocou um movimento interessante na escola, que atraiu os/as estudantes de outras turmas e valorizou o seu trabalho perante a direção escolar.

[...] eu tenho um amigo que dá aula e eu quis levá-lo pra dar uma aula especial para os alunos. Eu quis levar alguém de fora.

Eu chamei ele, e ele topou. Como eram muitos alunos e ele tinha um horário reduzido, eu precisei juntar duas salas. Foi um dia duas salas e outro dia duas salas. Eram sessenta alunos, quase setenta. (...) Então eu tive que pedir autorização para a diretora, morrendo de medo. Ela disse: ah, tudo bem. Ela não imaginava o que seria. Ela achou que ia dar uma aula de Dança só e foi muito legal, pois movimentou a escola inteira. Quando os outros alunos de outras salas viram, falaram: como assim, eu nunca tive isso na minha aula de Educação Física. Aí um monte de alunos de outras salas pediu pra fazer aula também. Como a quadra era grande, eu falei: pode entrar pra fazer, não tem problema nenhum. O que eu quero é que os alunos da 5ª fiquem na frente, até porque eles são menores, a aula é do projeto deles e eu quero que eles enxerguem a movimentação. E foi muito legal porque foram mais de 170 alunos. Aí começou a movimentar, a diretora subiu. Quando subiu e viu um monte de gente fazendo aula, ninguém brigando com ninguém, ninguém estragando nada e os alunos de 5ª, que eram considerados os mais agressivos, preocupados com o movimento, ela achou o máximo. Ela veio falar: maravilhoso o seu trabalho. Aí eu ganhei, né! E foi muito legal, porque eles adoraram. (Professora 5)

É importante lembrar que o medo sentido pela professora 5, ao pedir autorização para trazer um profissional de fora e utilizar a quadra para realizar a atividade programada, teve origem no episódio já explicitado anteriormente, no qual a diretora a proibiu de realizar o trabalho com o videogame, logo quando chegou na escola. Essa repressão, oriunda de uma profissional que ocupa um cargo de chefia, poderia coagir ou, até mesmo, desmotivar o trabalho da professora recém-formada e recém-ingressante na rede municipal de ensino de São Paulo, pautada na perspectiva cultural. Porém, a professora 5 adotou uma postura de resistência, realizando práticas na "clandestinidade", até conquistar a confiança da direção escolar.

> [...] quando eu fui trabalhar Dança, já com receio, não avisei antes que iria trabalhar. Eu comecei a trabalhar. O trabalho de Dança era assim: eu entrava na sala, fechava a porta e os alunos faziam aula. (Professora 5)

Paulo Freire, em um diálogo vibrante com Ira Shor (FREIRE; SHOR, 2000), reconhece o direito de sentir medo, já que esse sentimento é uma prova de que estamos vivos. Porém, o autor frisa a necessidade de estabelecer limites para o medo.

> [...] o que não posso permitir é que meu medo seja injustificado, e que me imobilize. Se estou seguro do meu sonho político, então uma das condições para continuar a ter esse sonho é não me imobilizar enquanto caminho para sua realização. (FREIRE; SHOR, 2000, p. 70).

A professora 5, mesmo acuada pela postura autoritária da diretora, não se deixou paralisar por conta do medo e continuou a colocar seu sonho político em prática, assumindo todos os riscos que essa opção carregava. Mesmo quando a diretora proibiu o trabalho com o videogame, é interessante destacar, também, a estratégia de resistência encontrada pelos/as alunos/as.

E foi muito engraçado, porque os alunos procuram soluções. Eles falaram: faz assim professora, eu trago escondido na mala e deixo com você. Aí você fala que é seu, ninguém vai saber. Eu falava: gente, eu não posso. Então no começo foi isso. (Professora 5)

As estratégias de resistência adotadas pelos/as estudantes e pela própria professora 5, que mesmo reprimida pela diretora, não abandonou suas crenças, mostram que, apesar das escolas funcionarem infundidas no interesse da cultura dominante, reproduzindo os valores da sociedade, os sujeitos que convivem no ambiente escolar não absorvem passivamente esses processos de dominação. Giroux (1983) enxerga a dominação como um processo que não é estático e que em circunstância alguma se completa, já que o poder também não é unidimensional. Assim, as escolas devem ser vistas não apenas como locais de reprodução sociocultural, mas também como lugares envolvidos em contestação e luta (p. 156). Segundo o autor, tanto os/as professores/as como os alunos/as demonstram formas de resistência no contexto da hegemonia cultural (p. 260).

O professor 4 também ressalta a valorização das aulas de Educação Física, organizadas no enfoque cultural, por parte dos alunos e alunas de outras turmas, acostumados/as com outro modelo de aula.

[...] Com o tempo você percebe um movimento contrário. Eu me lembro de um projeto de Ginástica que eu fiz, que foi muito interessante. Quando a gente começou, um movimento de mapear, e o projeto foi andando, os meus alunos ficavam olhando pra quadra do lado e via a molecada jogando Futebol.

Só que chegou um momento que chegaram as práticas (...) foi engraçado porque quando chegou o momento das práticas e quando o negócio estava pegando fogo, com uma plástica bonita, uma aula vibrante, o grupo da bola largou a bola, porque estavam lá largados, não tinha uma sistematização, e vieram me perguntar: professor, a gente pode participar? Eu falei: não, não pode. "Ah, mas é legal". Eu falei: é legal, mas isso aqui é um trabalho, eles chegaram nesse momento agora. Só que no momento em que eles estavam na quadra discutindo, compondo, vocês estavam achando que a gente estava aqui fazendo nada. No momento que eles ficaram na sala, assistindo um filme, debatendo algumas coisas, vocês acharam que aquilo não era Educação Física. Então por que agora, na hora da prática, vocês querem participar? Se vocês querem participar, vocês têm que conversar com a professora de vocês, pedir pra que ela monte um projeto de alguma ação, e vocês terão um desenvolvimento pra chegar na prática (...) alguns alunos que, num primeiro momento reclamavam, relutavam, queriam ir para aquela prática, se sentiram, de alguma maneira, sendo a referência. Naquele momento eles falaram assim: eu sou identidade aqui na escola, porque estão vendo o que eu faço e o que eu faço tem valor. (Professor 4)

Do mesmo modo, a professora 5 ressaltou a mudança de representação de alguns/as estudantes de outras turmas que, ao observarem o trabalho de Dança que era desenvolvido com a 5ª série, chegaram até a questionar as aulas lecionadas por outro professor de Educação Física da escola, que restringia sua prática docente na "oferta desinteressada" do Futebol.

Foi muito legal, porque até os alunos de outras salas vieram me perguntar: mas por que eu não tenho isso nas aulas de Educação Física? Eu quero fazer aula com você. Eu só tenho Futebol. Eu achei isso interessante, porque, pra eles, nessa hora foi muito legal, porque eles viraram as estrelas da escola. Eles estavam trabalhando com isso, eles montaram a sequência. Então na hora da apresentação, teve sala que se apresentou na quadra, teve um monte de alunos que fugiam da aula e ia lá em cima pra assistir. Acho que eles se sentiram importantes. E falavam: as pessoas não vêm aqui para assistir a gente jogar Futebol, mas estão vendo a gente dançar. (Professora 5)

Nesse discurso da professora 5, nota-se que as aulas de Dança possibilitaram que alguns alunos e alunas tivessem suas identidades reconhecidas e valorizadas, algo que não ocorria quando eles/as praticavam apenas o Futebol. Esse trabalho realizado a partir da Dança permitiu também que os/as estudantes se reconhecessem enquanto produtores/as de conhecimento, capazes de não só produzir, mas também de compartilhar saberes com outras pessoas, como mostra o fragmento abaixo:

O que mudou muito foi eles se verem como autores, como produtores. Eu deixei muito claro pra eles que eu aprendo muito com eles. E que eles trazem coisas. Quando a gente foi trabalhar passos de Dança, eles trouxeram um monte de coisas que eu não sabia. Eu aprendi com eles. Isso para eles foi muito importante, eles perceberem que também sabem coisas, que não é só a gente que detém todo o conhecimento. E que, às vezes, o que eles sabem de um jeito, eu posso saber de outro, e que esse conhecimento pode ter várias representações na sociedade (...) quando eles montaram a sequência, eles tiveram essa coisa de querer, entre eles da 5ª série, ensinar um para o outro algo que tinha feito. Então isso foi legal. Até os alunos de 6ª série, 7ª, foram perguntar de alguma coisa e eles queriam ensinar. Essa contribuição foi legal. Eles terem essa confiança que podem ensinar. (Professora 5)

Esse relato mostra que um currículo multiculturalmente orientado na perspectiva crítica reconhece os/as alunos/as como protagonistas do currículo, ou seja, ao considerar que o conhecimento não pertence exclusivamente ao/à docente – ele é construído na mediação entre sujeitos – os/as estudantes são estimulados/as a reconhecerem-se como produtores, como agentes ativos, dotados/as de saberes que, além de legitimados, necessitam ser compartilhados para o enriquecimento cultural do grupo. O currículo de Educação Física, sob o enfoque cultural, ao compreender o fenômeno da motricidade humana como forma de linguagem, não estabelece gestos técnicos que devem ser imitados e fixados a todos os/as estudantes. Isso contribui, como identificado na fala da professora 5, para que os/as alunos/as valorizem sua corporeidade, assumindo suas identidades e compartilhando-as, sem constrangimento, ao grupo ao qual estão inseridos/as.

Além da valorização do componente curricular por parte dos/as estudantes, o professor 4 percebeu que, ao desenvolver um trabalho pautado na perspectiva cultural, as aulas de Educação Física ganharam sentido também para ele, enquanto profissional. Seu trabalho passou a ser valorizado pelos/as estudantes.

> [...] acho que tem uma valorização pelo componente e tem uma valorização do profissional. Porque os alunos começam a ver o professor com outros olhos (...) O que eu percebi é que as aulas tinham mais sentido, tanto pra mim quanto para os alunos. A gente ficava com uma ideia de processo. Quer dizer, os alunos não iam embora (...) é muito comum você ouvir nas aulas: "professor, amanhã é Futebol?" ou, "professor, a próxima aula é Vôlei?" Isso nos remete a um pensamento. Um pensamento onde o professor chega, a cada dia, com um conteúdo qualquer, seja ele físico, esportivo, recreativo, não importa, e o aluno nunca sabe o que vai acontecer amanhã. O aluno chega pronto pra fazer uma aula. E aí o aluno vive pedindo outra aula por gosto, por afinidade. Então, nesse tipo de trabalho, eu percebo que isso não acontece. (Professor 4)

Para o professor 4, ao conceber a Educação Física na concepção cultural, existe a necessidade de se promover uma reflexão em torno da função social da área, buscando uma justificativa de sua presença no currículo escolar.

> [...] eu percebo que essa perspectiva, na atuação do professor, contribui, primeiro, para uma reflexão bastante séria do papel

da Educação Física no currículo escolar. Nos chama a atenção para a importância do nosso componente e nos aponta um caminho que é assim: é muito fácil falar de uma postura desenvolvimentista, da performance, do talento, da saúde, que vem sendo disseminada em torno do nosso componente. A gente percebeu o seguinte: mas isso é bom pra quem? Todo mundo quer Futebol. Será? Ou será que são 8 alunos que exercem uma liderança e são a identidade no grupo. Então isso nos coloca numa posição de olhar sempre com uma lente muito crítica pras questões que estão preestabelecidas, ditas como verdades. (Professor 4)

Toda essa demanda da sociedade de consumo (moda do curtir, moldar e cuidar do corpo, melhoria da *performance*, vencer no esporte etc.) que repercutiu na proliferação de diferentes representações acerca do papel da Educação Física, já havia sido denunciada por Medina (1983), que propunha uma mudança radical na concepção da área no ambiente escolar. Para Medina, lamentavelmente, a Educação Física tem vivido, em demasia, ao sabor da moda. Ela tem sido prática condicionada a uma estrutura que outra estrutura maior montou para ela (p. 91). Porém, é importante considerar que os/as educadores/as que trabalham na perspectiva cultural do componente curricular pretendem desmantelar essas forças ideológicas (NEIRA; NUNES, 2009a) a partir da leitura e interpretação de textos (filmes, imagens, experiências etc.) e investigações (etnografia) que desvelem os paradoxos inculcados nesses discursos, como a disseminação da atividade física como único meio de se adquirir uma vida saudável.

Nas entrevistas realizadas com os/as cinco professores/as de Educação Física, identificou-se que, nas escolas em que eles atuam, não existe um projeto político-pedagógico voltado para atender as questões do multiculturalismo. Apesar da ausência de um projeto coletivo da escola, interessado nesse campo de ação (superação de preconceitos de classe, gênero, etnia etc), (o que se constitui em uma fronteira a ser superada), alguns/mas docentes entrevistados/as sinalizam que outros/as parceiros/as de profissão se interessaram em conhecer um pouco mais do trabalho que estava sendo desenvolvido nas aulas de Educação Física, predispondo--se, inclusive, a realizar alguns projetos interdisciplinares.

As ações desencadeadas pelo professor 3, integrante do Grupo Referência da SME/SP, refletiram positivamente na prática de uma professora (pedagoga) da própria escola em que ele atua.

> Meu trabalho foi com uma professora pedagoga da escola que eu trabalho que, durante as JEIFs, as reuniões de estudo, ela se identificou politicamente comigo (...) na época eu estava lendo um livro que era "Escolas Democráticas" do Michael Apple e aí ela pediu pra ler. Depois que ela leu o livro e falou: eu estou vendo você reivindicando outras coisas dentro da aula de Educação Física, toda amarradinha ao projeto político da escola, você pode me dar um suporte nas minhas aulas? Foi aí que eu identifiquei uma professora colaboradora. Foi bem bacana a experiência, porque nós estamos tendo um problema

com os bolivianos na escola. Eles não são reconhecidos em nenhum momento dentro do currículo e essa professora começou a olhar pra essas questões que me incomodavam também. E ela pegou e começou a estudar o bilboquê com as crianças. E tem toda uma relação do bilboquê com a etnia dos bolivianos, e começou a aparecer a voz deles. Eles começaram a ter uma voz um pouco mais forte dentro do currículo. (Professor 3)

É interessante notar a estratégia utilizada, pelo professor 3, em buscar uma aproximação com uma colega de profissão que se identificasse politicamente com ele.

A gente entendeu que só consegue trabalhar com certas questões políticas se o docente também partilhar de uma questão política junto conosco. Porque se a pessoa politicamente não se identifica com a cultura popular e com outras questões da escola, ela começa a negar, ela começa a resistir e fica difícil o trabalho. Então a base foi atacar aqueles professores que estavam a fim de desenvolver um trabalho olhando pra essas outras questões da escola, a cultura popular presente. (Professor 3)

A professora 5 ressalta que manter o diálogo aberto com outros/as professores/as ajuda a fortalecer a educação multicultural, visto que a aula de Educação Física é insuficiente para produzir a mudança de postura nos/as estudantes em relação às questões de gênero, classe social, etnia etc.

[...] precisa muito que você dialogue com os outros professores, porque isso fortalece o que você faz. Não adianta você fazer coisas incríveis só na sua aula e você não conseguir aliados. Querendo ou não, enfraquece. Enfraquece no sentido dos discursos, da transformação das relações. Se eu falar de relações de gênero, relações de raça, só na minha aula, vai ser pouco para eles entenderem a profundidade do que realmente a gente está falando ali. (Professora 5)

Na medida em que a professora 5 desenvolvia seu trabalho, ancorado nos pressupostos dos Estudos Culturais, após um início de desconfiança por parte da direção escolar, outros/as professores/as, que ela julgava ser difícil compartilhar práticas e tornarem-se parceiros/as, reconheceram o sucesso que ela obtinha perante aos estudantes, aceitando, inclusive, desenvolver tarefas em conjunto.

Quando entrei, eu pensei que não teria nenhum professor que iria topar. E hoje eu estou descobrindo que têm muitos professores que topam (...) os outros professores começaram a ficar mais interessados em saber o que eu estava trabalhando, como eu tinha conseguido. Aos poucos, os professores foram conhecendo. (Professora 5)

Para Carbonell (2002), a única maneira de mudar a escola é a formação de uma cultura colaborativa, cooperativa entre os/as profissionais que nela atuam. Para o autor,

[...] a cultura colaborativa começa na escola, fortalecendo o projeto educativo e as inovações gerais mediante a participação democrática; criando pequenos grupos de professores e professoras que trabalham em um projeto de pesquisa ou sobre qualquer problema específico; abrindo classes a outros docentes da escola, ou de fora, para fomentar a observação e a análise compartilhada da intervenção educativa e estabelecer estruturas de apoio entre elas. (p. 112).

É louvável o trabalho dos/as docentes em aglutinar esforços na busca por parcerias. A ausência de um projeto político-pedagógico, voltado para as questões multiculturais, e de uma política oficial da SME/SP, que aponte para essa direção, em todos os componentes curriculares, não pode enfraquecer a luta dos/as docentes em angariar parceiros/as, visto que os objetivos de um currículo multiculturalmente orientado extrapolam o âmbito da Educação Física, acarretando uma nova postura de outros/as profissionais que atuam na Educação das crianças e jovens, influenciando suas identidades.

Diferentemente da professora 2, que no trabalho com o Ciclo I sentiu certa resistência das professoras (pedagogas) de sala, quando organizava as atividades de ensino em outros espaços, diferentes da quadra, o professor 1 demonstrou não ter sentido tanta dificuldade na explicitação de como se daria o trabalho com a Educação Física sob o enfoque cultural.

> [...] eu fui desconstruindo, aos poucos, essas ideias e não tive tantos problemas com elas no sentido de: olha professora, hoje a aula será aqui na sala. Hoje nós não vamos descer, nós vamos utilizar a sala de vídeo. Então ficou mais fácil pra elas entenderem. E por mais que algumas talvez não entendessem ou estranhassem no início, não houve nenhum questionamento. (Professor 1)

Esse professor conseguiu até mesmo desenvolver um projeto articulado com uma professora de Língua Portuguesa, que acabara de ingressar na escola em que ele leciona.

[...] por incrível que pareça, uma professora que chegou agora, no finalzinho do segundo semestre e não fui eu que fui até essa professora, a professora veio até a mim e falou: "professor, fiquei sabendo que você está trabalhando com o projeto da Copa do Mundo, né? Olha, estou organizando algumas atividades pra tentar dialogar com você". E como a gente estudou Copa do Mundo, estava estudando Futebol, ela trouxe textos, ela estava trabalhando com Português. Ela trouxe textos de jornais, estatísticos. Trabalhou com a Matemática ao fazer a leitura desses textos. Eu sei que ela trabalhou dentro do documento. É justamente isso que fala em Português, de trazer esses textos sociais pra dentro da escola e que eles sejam lidos, interpretados, produzidos, absorvidos pelos alunos. E a gente conseguiu articular. (Professor 1)

Nas entrevistas com os sujeitos pesquisados, percebe-se também que o currículo de Educação Física, na perspectiva cultural, favorece a aproximação das famílias e da comunidade com a escola, quando os/as professores/as promovem atividades de ampliação de conhecimento, como mostras de Dança, passeios culturais, fóruns de discussão etc. Segundo o relato do professor 4, ao desenvolver a temática com manifestação cultural Ginástica, que culminou na visita a um circo, os familiares demonstraram prazer em ser convidados para participar de uma atividade cultural, já que estavam acostumados a adentrar a escola somente em reuniões pedagógicas, geralmente para escutar reclamações do comportamento ou do próprio rendimento escolar dos/as filhos/as.

> Eu fiz uma caminhada para o Circo Escola. Eu convidei os pais e, como eu fiz cada dia com uma turma, porque não dava pra levar muitos alunos, foi muito legal, porque eram sempre cinco, seis pais. Então, eles não entendiam o que era a perspectiva, mas eles diziam assim: poxa professor, nunca fui chamado na escola pra acompanhar meu filho numa coisa bacana ou ver algo que meu filho fez. Toda vez que eu fui chamado foi pra tomar "bucha". Pra dizer que meu filho apronta, que meu filho não faz nada (...) mesmo sem entender, eles diziam assim: esse jeito é legal. Bacana isso, quando tiver de novo me chama que eu venho participar. (Professor 4)

Ao desenvolver a temática com a Dança, a professora 5 convidou os familiares para participarem de uma mostra cultural na escola, na qual as produções dos/as estudantes, realizadas durante as aulas de Educação Física, foram apresentadas em forma de vídeo aos pais e mães que compareceram.

> [...] teve uma mostra cultural que eu montei um vídeo com o projeto de Dança, editei, fui desde o começo, os primeiros passos, as trocas, eles montando sequências (...) Alguns pais assistiram e foi muito engraçado, porque o vídeo ficou longo, de quase 40 minutos. Isso porque eu cortei. Os pais que viram ficaram maravilhados. "Se eu trouxer um CD você faz uma cópia pra mim?" Eles ficaram muito encantados (...) Teve

muitos pais que vieram comentar comigo desse envolvimento que os alunos tiveram de trabalhar outras coisas. (Professora 5) Quando, em uma reunião com os pais e mães dos/as alunos/as da 5ª série, a professora 5 elucidou o trabalho que estava sendo desenvolvido nas aulas de Educação Física, os familiares também se mostraram incomodados pelo fato de serem convidados/as a comparecer à escola somente para escutar reclamações alusivas aos filhos e filhas.

Muitos pais vieram falar comigo, eu fui explicando o trabalho, falando um pouco deles (...) porque a gente teve uma fase na escola que os alunos de 5ª estavam muito agressivos e eu me coloquei muito aberta pra conversar com os pais. Algumas mães vieram conversar comigo e elas se sentiram acolhidas por mim. Porque, às vezes, elas vão à escola e o que elas ouvem é que todo problema que o filho dela traz é culpa dela. E isso é muito difícil pra elas. Eu falei que não achava que um aluno é agressivo por culpa da mãe. E eu coloquei que acho que é reflexo de um monte de coisas. (Professora 5)

Segundo Dalbério (2008), a escola existe para servir à comunidade em que se situa. Ela precisa ser um fórum aberto de participação, no qual a democracia se efetiva. Nesse sentido, é indispensável que a escola pública abra os portões para que as famílias adentrem seus muros, de forma que a comunidade compreenda que aquele espaço também lhe pertence. As ações desencadeadas pelos professores 4 e 5 deram oportunidade para que os membros da comunidade conhecessem o trabalho realizado nas aulas de

Educação Física e sentissem orgulho da atuação dos/as filhos/as. Diferente de quando eles/as eram convocados/as à escola para ouvir somente os problemas de desempenho escolar.

Por meio do mapeamento, a professora 2, notando que a cultura *hip-hop* se tratava de uma manifestação presente nas festas promovidas pela escola e bastante comum no entorno da comunidade, decidiu trazer esse conteúdo para as aulas de Educação Física.

> A gente fez um trabalho com o movimento hip-hop (...) a gente estava tentando fazer algumas ações que trouxessem os pais, os irmãos, pra dentro da escola e que a escola se aproximasse mais. Então eu comecei com essas questões da Dança porque eu tinha observado que quando tinham as festas (festa junina, festa cultural) quando estava acabando a festa, eles faziam um desafio de Dança. Mas isso era sempre uma coisa à margem. Minha escola fica numa vielinha, tem uma rua sem saída. Lá rolam umas festinhas que eles chamam de quermesse, mas que não necessariamente acontecem no mês de junho. E lá eles fazem vários desafios. Os meus alunos frequentam vários lugares que possuem práticas de Dança. Aí eu comecei com a Dança e durante o estudo eu achei legal trabalhar com o movimento hip-hop. Então a gente trabalhou com a Dança, com o break, trabalhou com o grafite, trabalhou com o rap, com o *streetball*. (Professora 2)

No início, a professora 2 identificou que existia um preconceito, por parte das pessoas que não faziam parte do movimento, perante essa manifestação cultural. O *hip-hop* era uma prática estigmatizada, considerada inapropriada para o ambiente escolar.

[...] logo de início existia um preconceito muito grande em relação às pessoas. Quem não era, quem não fazia parte, tinha um olhar sobre o outro de maloqueiro, de ladrão (...) Quem não é, quem não faz parte, quem não conhece, tem um olhar (...) até por conta das roupas que se usa, até por conta das músicas que ouvem. Então existia um preconceito. (Professora 2)

Ao término do trabalho desenvolvido com o *hip-hop* nas aulas de Educação Física, a professora 2 destaca que houve uma mudança na postura das pessoas que condenavam essa prática e, ademais, a manifestação cultural foi legitimada, com os grupos pertencentes ao movimento reivindicando espaço para sua prática no interior da escola.

[...] a gente tinha uma questão de aproximar a escola e comunidade, e o pessoal veio pedir espaço na escola para dançar, pra poder ensaiar. Podia ser à noite, podia ser de sábado. Então eu vejo que algumas coisas mudaram. Primeiro, eles começaram a entender todo o movimento, que não era só a Dança (...) que existe um monte de coisas por detrás desse movimento hip-hop, quais eram essas coisas, que é um movimento de reivindicação, que quer mostrar algumas coisas da periferia. Então, isso tudo ficou entendido, superaram alguns preconceitos, algumas coisas existentes e se viram parte do espaço da escola (...) a hora que os caras vêm pedir um espaço na escola pra poder ensaiar, eu achei que a gente conseguiu mudar algumas coisas. Porque o hip-hop não era visto como uma prática permitida dentro da escola. De repente, eles estão no palco em todas as festas. De repente, tem uma sala só com as coisas do hip-hop. De repente, eu posso ir lá e cantar o rap. A gente fez os raps da sala, a gente apresentou, foi uma coisa bem legal. (Professora 2)

A professora 2, ao mapear a escola e seu entorno, percebeu que a cultura *hip-hop* fazia parte da vida de muitos/as estudantes e da comunidade, porém, era uma manifestação cultural não validada pela escola. A atitude da professora em trazer esse conhecimento para as aulas de Educação Física, não somente a partir da Dança, mas incluindo todos os elementos do *hip-hop*, em uma perspectiva interdisciplinar, possibilitou que os/as estudantes conhecessem mais sobre algo tão presente em suas rotinas diárias e assumissem suas identidades.

Para Giroux (1999), a escola é vista como uma fronteira cultural pedagógica que, muitas vezes, tenta apagar ou silenciar as vozes dos grupos subordinados. Porém, as culturas subordinadas pressionam e permeiam as supostas fronteiras não-problemáticas e homogêneas das formas e práticas culturais dominantes (p. 198). Quando a professora 2 criou condições para que os/as estudantes, e inclusive, a comunidade, afirmassem suas experiências, esses grupos, que antes não tinham suas vozes legitimadas pela cultura hegemônica da escola, se engajaram de tal maneira que o movimento *hip-hop* ganhou força, transpondo fronteiras.

Ao defender, nesta pesquisa, o currículo de Educação Física inspirado pelos Estudos Culturais como potencial da diminuição da fronteira existente entre "alta cultura" e "baixa cultura", legitimando as práticas culturais dos grupos subordinados que sempre ficaram à margem do currículo escolar, pode-se afirmar que o trabalho desenvolvido pela professora 2 atingiu em larga escala esse objetivo.

> Isso fez com que eles entendessem mais sobre aquela manifestação corporal e fez com eles achassem que tudo é válido, é importante, e deve estar na escola, sim. (Professora 2)

O professor 1, na etapa de mapeamento das práticas corporais presentes no universo cultural dos/as estudantes, identificou que o *hip-hop* era um movimento que fazia parte da vida dos/as estudantes. Ao realizar a leitura dessa manifestação, buscando investigar como ocorria sua produção na comunidade, percebeu que existia uma forte repressão por parte das "autoridades", verbalizada pelos/as estudantes.

> [...] depois de vivenciar a Dança, de perceber que o hip-hop é composto por várias linhas, eu tive a preocupação de olhar pra comunidade deles. Como é que esse hip-hop que eles conheciam, e foi trago (sic) para o ambiente escolar e ressignificado pra acontecer aqui, acontecia lá? (...) Muitos falaram assim: "professor, lá na minha comunidade eu tive contato através de internet, meu primo gosta muito do hip-hop, eu assisto o programa na Cultura, Manos e Minas (...) na minha rua aos finais de semana, os meus amigos montam o palco e na frente do supermercado, colocam as caixas e lá acontece um baile, uma festa de hip-hop". "E como é essa festa?" Eles falaram:

"ah, é muito legal". "Acontece em que horário?" "Acontece de tarde e vai até a noite". "Quem participa?" "Criança, jovem, adolescente". E aí a gente foi lendo essas manifestações. "E todo mundo participa?" "Ah, professor. Quem é que participa?" Eles foram falando: o único problema é que, às vezes, está acontecendo o baile e a polícia chega já dando cassetete em todo mundo, batendo. Aí a gente foi estudando essa relação.

(Professor 1)

Utilizando a estratégia denominada ancoragem social (CA-NEN; OLIVEIRA, 2002; MOREIRA, 2002), o professor 1 teve a preocupação de resgatar, junto aos/às estudantes, a origem do *hip-hop*, analisando, em uma perspectiva histórica, de que forma essa manifestação era reprimida em outro contexto sociocultural.

[...] foi importante, pois quando a gente entrou pra aprofundar esse conhecimento, a história do hip-hop, foi possível associar os preconceitos que lá na década de 1960, nos Estados Unidos, a comunidade que se fazia representada no hip-hop, os latinos, os negros, também sofriam esses preconceitos da sociedade. Então a gente conseguiu fazer essa relação e, em todo momento, a gente ia e voltava nas aulas, nos temas. De que forma eles conseguiram validar sua cultura, sua manifestação? Eles pararam com isso porque eles sofriam com esses preconceitos? Então foi legal pra eles perceberem essa resistência, a importância de resistir, a importância de validar a sua manifestação. Eu falei: "vão existir setores, como existiram no passado, que vão dizer pra vocês assim: olha, isso que vocês

estão fazendo é coisa de marginal, bandido." (Professor 1)
A partir da ancoragem social, o professor 1 tentou mostrar aos/ às alunos/as a importância do *hip-hop* enquanto um movimento de resistência e reivindicação aos problemas sociais, resgatando sua origem histórica. Em seguida, o professor contextualizou a temática com um exemplo atual.

[...] na semana seguinte, foi interessante que saiu uma reportagem, e eu trouxe pra eles. Um grupo de jovens que estavam vestidos, caracterizados, porque a gente foi lendo, fazendo a leitura, o documento até fala isso, de fazer a leitura de como essas pessoas se vestem, aonde acontecem essas festas, o que eles conseguem fazer ali, e aí eu trouxe essa reportagem, que aconteceu em um shopping de Guarulhos. Um grupo de jovens com roupas características de hip-hop entra no shopping pra passear, e eles são abordados pelos seguranças do shopping e são proibidos de entrar, porque foram adjetivados como marginais, como trombadinhas, bandidos. Então a gente discutiu bastante sobre isso também. O preconceito em relação ao hip-hop. Então deu pra fazer essa ligação hoje, como esse grupo foi marginalizado e visto por outros setores. E como eles lutaram, de certa forma resistiram, resistem. Até a própria questão da pichação, do grafite. (Professor 1)

Em um fórum organizado para discutir a importância da atividade física para a vida das pessoas, que contou com a participação da comunidade, o professor 4 abordou a temática adotando uma das estratégias utilizada pelo campo teórico do multiculturalismo crítico. Trazendo para a reflexão outros olhares em torno do mesmo objeto de conhecimento (atividade física), o professor desconstruiu os discursos dominantes, mostrando que as práticas corporais refletem inúmeros significados, dependendo do contexto sociocultural em que se manifestam.

Na minha parte eu fiquei com algo que, num primeiro momento, parecia um mico. Porque eu pensei: vou ter que discutir a atividade física voltada para a saúde. Mas aí eu fui fazendo de outra forma (...) eu peguei alguns ritos indígenas e trouxe para eles o vídeo. E aí peguei algumas atividades ocidentais. Trouxe um artigo do cooper para o pessoal ler, debater. Relacionando a atividade do índio (atividade física) e o cooper, eles perceberam o seguinte: aqui está preocupado com a saúde. Aqui (com o índio) é uma questão cultural. É um ritual que acontece de tanto em tanto tempo, é pra celebrar alguma coisa, comemorar alguma coisa. Então isso aqui tem um significado. Foi bacana porque eles começaram a perceber o seguinte: está vendo? Espera um pouquinho. A atividade física só serve pra ter boa saúde? E o que é ter boa saúde? É ter um corpo magro, assim, assado (...) Aí a gente fez primeiro por sala, depois tiramos representantes das salas, fizemos entre as salas e, por fim, a gente montou um aberto pra comunidade. Nesse sentido, a gente vai formando o aluno pra saber que a única forma dele interferir nas coisas é atuando. (Professor 4)

Segundo Giroux e Simon (2009, p. 106), professores/as e alunos/as precisam encontrar maneiras de evitar que um único discurso se transforme em local de certeza e aprovação. Por meio do fórum, o professor 4 encontrou meios para desafiar o discurso dominante na sociedade capitalista, na qual a prática da atividade física tem como principal finalidade a manutenção ou o alcance de uma boa saúde. É papel dos/as trabalhadores/as culturais da área de Educação Física desenvolver formas de pedagogia crítica que compreenda o fenômeno da motricidade humana como forma de linguagem, buscando interpretar os múltiplos significados contidos nas práticas da cultura corporal.

Com foco ainda nas potencialidades pedagógicas do currículo de Educação Física, pautado nos pressupostos teóricos do multiculturalismo crítico e nas elaborações dos Estudos Culturais, a presente pesquisa destaca sua força na desconstrução das relações opressoras de Gênero, ao denunciar o poder patriarcal que impera no percurso histórico do componente curricular.

> [...] É interessante porque as meninas começam a ter muito mais voz dentro do currículo. Elas começam a debater muito mais com os meninos. Uma classe que sempre foi renegada, sempre foi jogada à margem dentro da quadra, dentro da grade, naquele espaço ali que, às vezes, eu vejo que é muito tenebroso pra elas. Então elas começam a ter voz, elas começam a bater de frente com o machismo que é muito forte na escola.(Professor 3)

O professor 3 afirma que, nesse momento, está bastante engajado em desestabilizar o currículo escolar tradicional, que ele considera extremamente machista.

> [...] o currículo da escola é um currículo muito macho, muito masculino, muito heterossexual. E as crianças, ao terem con-

tato com isso, vão percebendo que a melhor forma de viver é a masculina. E as meninas vão começando a resistir a essas questões. Então eu estou tentando amarrar. Sempre que eu trago alguma manifestação da cultura corporal pra estudar, eu sempre tento trazer os conhecimentos da cultura feminina. Não estou desvalorizando a masculina, eu acho que a justiça curricular deve ser feita trazendo todos os saberes, mas eu sempre olho como a gente pode trazer a voz das mulheres pra essas questões. Eu estou preocupado em estudar as questões do balé dentro da escola. Eu tenho me preocupado em estudar práticas corporais que são marcadas por um discurso que trazem uma representação distorcida dessas questões. As lutas também são marcadas muito por essas questões. E o próprio texto masculino que é o Futebol está marcado por isso. Então eu venho sempre desconstruindo. Sempre quando eu faço o mapeamento, eu já venho borrando essas questões. Então eu parto de uma leitura, por exemplo, vamos estudar o Futebol do bairro. Eu trago uma brincadeira do bairro, eu já trago com as meninas jogando. Que já é pra ir borrando, pra eles começarem a identificar outros discursos, pra já ir borrando a ideia que eles têm. (Professor 3)

As estratégias de intervenção, adotadas pelo professor, visam romper com as relações hierárquicas presentes no cotidiano escolar. Segundo Louro (1997, p. 114), as pedagogias feministas pretendem estimular a fala daquelas que, tradicionalmente, se veem condenadas ao silêncio, por não acreditarem que seus saberes possam ter alguma importância ou sentido.

Essas ações, na visão da autora, podem contribuir para perturbar certezas, para ensinar a crítica e a autocrítica, para desalojar as hierarquias. Ao permitir que as mulheres tenham sua voz reconhecida no currículo de Educação Física, valorizando suas práticas e desconstruindo os discursos machistas que ainda ocorrem com frequência no cotidiano das aulas, o/a professor/a multiculturalista crítico/a pode ajudar a fortalecer a luta pela justiça por parte das alunas.

> [...] houve uma mudança delas se reconhecerem como tendo o direito de participar das aulas, tendo o seu espaço. Então ficou nítida a organização do grupo delas, o horário. Elas brigando pelo horário de jogo (...) antigamente era: os meninos só jogavam, elas ficavam no cantinho ou iam pular corda, ficavam brincando de outras coisas. Então elas conseguiram perceber: não, a aula é nossa também! Se a gente não brigar pelo nosso espaço, os meninos vão dominar. (Professor 1)
>
> [...] eu consigo perceber que as meninas acabam tendo um pouco mais de força nas discussões. (Professor 3)
>
> Nas minhas aulas, antes, quando eu cheguei, os alunos, quando tinha prática de Futebol, era menino contra menino e menina contra menina. Aí eu fui cutucando até que eles começaram a jogar todos juntos, misturados. Teve dia que eu falei: hoje vocês decidem. Teve sala que optou de jogar misturado. (Professora 5)

O patriarcado, segundo Kincheloe e Steinberg (1999), é uma disposição estrutural de gênero em que os homens formam o grupo social dominante. Nas aulas de Educação Física dominadas pelo poder patriarcal, os indivíduos do sexo masculino se julgam mais importantes do que as mulheres, no que se refere principalmente às práticas esportivas. Muitas vezes, tal relação desigual de poder é reforçada pela conduta do/a docente, que promove estratégias como a separação das equipes por gênero, a prioridade do tempo de jogo para os homens, a inserção de regras que colocam as mulheres em um papel social secundário etc.

Para Kincheloe e Steinberg, quando se utiliza perspectivas marginalizadas como ingrediente-chave de um currículo multicultural teórico (entende-se aqui como multiculturalismo crítico), por definição, estuda-se métodos que melhorem a vida das pessoas oprimidas. Como relatam os/as professores/as entrevistados/as, que valorizam os conhecimentos das mulheres, o currículo de Educação Física na concepção cultural pode ajudar a desconstruir os discursos machistas, desmobilizando o poder patriarcal, promovendo condições para que as alunas conquistem seu espaço nas aulas do componente curricular.

É importante, porém, que os/as professores/as entrevistados/as saibam que o gênero é uma categoria relacional, como defendem Sousa e Altmann (1999). Sendo uma categoria relacional, os/as professores/as precisam pensar sua articulação com outras categorias durante as aulas de Educação Física, já que muitos/as estudantes sofrem processos de exclusão devido à idade, força, habilidade etc.

> Não se pode concluir que as meninas são excluídas de jogos apenas por questões de gênero, pois o critério de exclusão não

é exatamente o fato de elas serem mulheres, mas por serem consideradas mais fracas e menos habilidosas que seus colegas ou mesmo que outras colegas. Ademais, meninas não são as únicas excluídas, pois os meninos mais novos e os considerados fracos ou maus jogadores frequentam os bancos de reserva durante aulas e recreios, e em quadra recebem a bola com menos frequência, até mesmo do que algumas meninas (SOUSA; ALTMANN, 1999).

As aulas de Educação Física, sob o enfoque cultural, podem também apresentar um grande potencial no combate a todas as formas de preconceito racial, ao incorporar, no currículo, as manifestações da cultura corporal características dos/as negros/as, abordando-as criticamente e não de maneira folclórica, como ocorre nos currículos de visão pluralista. De acordo com McLaren (1997, p. 212, 213):

> Preconceito é o prejulgamento negativo de indivíduos e grupos com base em evidências não reconhecidas, não pesquisadas e inadequadas. Como essas atitudes negativas ocorrem com muita frequência, elas assumem um caráter de consenso ou cunho ideológico que é, muitas vezes, usado para justificar atos de discriminação.

O professor 3, ao constatar atitudes racistas de alguns/as estudantes, tematizou a capoeira nas aulas de Educação Física para tentar desconstruir os atos de discriminação.

> [...] ao estudar a capoeira, as crianças começaram a se posicionar, em relação aos negros, com outros discursos. A hora que a

gente foi pesquisar, entrevistar aqueles negros, porque a gente começou a desenvolver o trabalho, eles estavam transitando em um clube ao lado do colégio. Aí a gente estava estudando esportes com raquete, eles começaram a ver os negros e falavam: olha aquele bando de maloqueiro, vagabundo e não sei o quê. E aí, na sequência, a gente estudou a capoeira e eu pedi pra eles entrevistarem aquelas pessoas que eles estavam falando que era negro, vagabundo e tal. Ao ter conhecimento e contato com aquelas pessoas, o discurso deles mudou. Ao acessar que a capoeira não é macumba, capoeira não é coisa de negro, que negro não é maloqueiro, vagabundo, que eles sofrem um preconceito muito grande da sociedade. A negritude é construída assim, com um olhar branco e tal. Eles começaram a se posicionar de determinada forma e eu acho que a Educação Física contribui nessas questões. (Professor 3)

Como afirmam Moreira e Candau (2003), a formulação de um currículo multiculturalmente orientado não envolve unicamente introduzir determinadas práticas ou agregar alguns conteúdos. Não basta acrescentar temas, autores, celebrações etc. A ação educativa, fundamentada na perspectiva multicultural crítica, precisa incorporar no currículo os conhecimentos advindos dos grupos marginalizados, nos quais alguns temas, como a colonização, a escravidão e tantos outros, não mais serão apresentados do ponto de vista exclusivo do colonizador branco e patriarcal, mas serão incorporados, como conteúdos pedagógicos, os pontos de vista do/a colonizado/a, escravizado/a e explorado/a, e de suas lutas pela emancipação (GARCIA, 2001). A capoeira, considerada patrimônio cultural em território brasileiro, de origem negra, pode constituir-se em importante ferramenta para os/as educadores/as que pretendem orientar suas práticas à luz da teorização multicultural crítica no cotidiano das aulas de Educação Física.

A professora 5, ainda que timidamente, também se utilizou da manifestação cultural "capoeira" para problematizar, junto aos/às alunos/as, os atos de discriminação.

> Teve uma atividade da capoeira que eu também achei interessante (...) eu fui trabalhar com eles um pouco da capoeira em artes marciais e eu fui trabalhar um pouco do contexto. E eu trouxe essa questão dos escravos, dos jogos, da luta. Essa questão dos negros, dos índios. Teve uma sala mais, outras menos, que trouxeram a questão de ser filho de negro, de ter índio na família. Aí eu fui perguntando como eles lidam com essas relações, fui questionando sobre os preconceitos que eles sentem. Acho que eles foram enxergando de outra forma também. Eles deram uma parada pra olhar no que eles falam, no que eles sentem um do outro. São pequenas ações ainda. (Professora 5)

Um dos objetivos da proposta curricular de Educação Física da SME/SP é que os/as alunos/as sejam capazes de vivenciar e interpretar o maior leque possível de manifestações corporais presentes no universo cultural (SME/DOT, 2007, p. 37). Ao promover o estudo do *badminton*, prática esportiva de pouca expressão no cenário brasileiro, o professor 3 favoreceu que uma de suas alunas utilizasse o conhecimento adquirido nas aulas de Educação Física, fora do âmbito escolar.

[...] a função social da Educação Física é fazer com que o aluno tenha acesso ao maior número de leituras possíveis dentro da escola. Ao conseguir fazer isso e ao desconstruir algumas coisas, você contribui para o aluno, ao transitar dentro da sociedade mais ampla, falar assim: ó, eu tenho direito, eu vou fazer isso, eu vou fazer aquilo, eu gosto disso ou não gosto daquilo, mas porque eu tive acesso na escola. Eu tenho um relato bem interessante de uma aluna que se negava muito a fazer Educação Física. Em determinado momento a gente estudou os esportes com raquete. Aí ela chegou pra mim e falou assim: olha professor, esse final de semana, eu fui viajar pra um resort com o meu pai e as pessoas estavam praticando o badminton e todo mundo que estava no meu grupo não quis fazer, porque não conhecia o que era aquilo. E eu, ao ter contato com a escola, eu fui a única que tive condição de jogar com outra pessoa. Então, eu acho que a partir desses discursos, você começa a perceber que o papel da Educação Física está sendo feito, está sendo alcançada a função social da Educação Física. (Professor 3)

A proposta curricular da SME/SP apresenta, também como objetivo principal da Educação Física, oferecer a oportunidade do diálogo por meio das manifestações da cultura corporal e proporcionar a vivência, aproximação, estudo e valorização de diversas formas de produção e expressão corporal dos/as alunos/as (p. 41), privilegiando o respeito e o reconhecimento do patrimônio cultural dos demais grupos sociais. E é exatamente as categorias *respeito* e *diálogo* que são abordadas como fundamentais no discurso do professor 4, ao enfatizar as potencialidades pedagógicas do currículo cultural da Educação Física.

[...] acho que as grandes contribuições que eu pude perceber e deixar, nesses quatro anos de atuação nessa perspectiva, foi que os alunos percebessem o respeito ao outro, que essa tendência preconiza desde sempre. Quer dizer, a participação do outro é muito importante, mesmo que seja sentado, observando, anotando alguma impressão, fazendo um relatório. Não tem essa questão da valorização à meritocracia (...) E o diálogo (...) trabalhar numa abordagem onde a base é o diálogo, onde todos possam falar, ser ouvido e ter a sua voz considerada (...) porque poder falar também não garante muita coisa. Todo mundo pode falar, mas eu resolvo. Não adianta nada. Então, as pessoas perceberem que o que elas falam é importante e que é considerado para tomada de decisão, isso também vai repercutir em pessoas mais participativas e também mais democráticas. (Professor 4)

McLaren (1997) enfatiza a necessidade dos/as educadores/as críticos/as desafiarem o conhecimento comumente aceito como verdade, já que esse conhecimento (verdade) é socialmente construído, culturalmente mediado e historicamente situado (p. 214). A professora 5 relata que as aulas de Educação Física inspiradas pelos Estudos Culturais ajudam os/as estudantes a perceber que o conhecimento não pode ser absorvido passivamente e acriticamente. Os alunos e alunas precisam ser estimulados/as a compreender que todo conhecimento pode ser ressignificado.

> [...] eu percebi, com os alunos de 5ª, que eu trabalhei de maio a dezembro, que nesse período eles conseguiram sair daquela coisa de que tem que ser desse jeito e acabou, não pode ser de outra forma. Acho que isso é legal, eles perceberem que tudo pode ser de outra forma. Que quando você fala de uma sequência de Dança, eles entenderem que eu tenho o meu jeito de dançar e ele tem o dele (...) Eles chegaram a construir um funk, que tem essa coisa com o rap, com a manifestação, de você falar do seu entorno. Eles foram vendo que eles podem mudar as coisas. As coisas não estão ali para serem fixas, você pode fazer de outra forma. Isso foi muito legal, eles perceberem que eles podem pegar uma coisa e fazerem de outra maneira, que nada é fechado, modelo único, modelo certo. Acho que isso foi muito importante pra eles. (Professora 5)

Considera-se, portanto, que o relato da professora 5 se aproxima da preocupação explicitada no documento "Orientações Curriculares" da SME/SP que, ao defender a Educação Física na concepção cultural, compreendendo o corpo como suporte de uma linguagem que manifesta a cultura na qual está inserido (SME/DOT, p. 43), menciona que as manifestações da cultura corporal devem ser compreendidas nos seus limites espaço-temporais, sem que sejam descriminados seus formatos e, tampouco, adotadas determinadas práticas como expressões hegemônicas a serem imitadas e fixadas a todos/as os/as alunos/as indistintamente (p. 41). As aulas de Educação Física fundamentadas na perspectiva multicultural crítica e nas elaborações dos Estudos Culturais têm como premissa a valorização da diferença e a possibilidade dos/as estudantes reconhecerem-se como produtores/as de conhecimento, assumindo suas identidades no grupo.

5. Conclusões provisórias

A presente pesquisa mostrou, como defende Macedo (2006), que o currículo precisa ser compreendido como um espaço-tempo de fronteira. A autora parte do princípio de que a formação dos currículos formais e a vivência do currículo são processos cotidianos de produção cultural, que envolvem relações de poder, tanto em nível macro quanto micro. Em ambos, são negociadas diferenças e participam sujeitos culturais com seus múltiplos pertencimentos.

Neste trabalho, optou-se, como Leite (2002, p. 397), por posições que veem as escolas como locais sociais contraditórios, ou seja, foi admitido, como a autora, que nelas existem práticas de reprodução, mas também práticas de produção de novas relações, competências e saberes. A partir da análise do documento "Orientações Curriculares" da SME/SP e da interpretação das entrevistas com os sujeitos pesquisados, encontrou-se tanto posturas e práticas que reforçam a função reprodutora da escola, como ações e estratégias alternativas de resistência a essas formas de reprodução.

É instigante, por exemplo, detectar, em uma política educacional governamental, a produção de um currículo oficial contra-hegemônico, como a proposta de Educação Física investigada. Isso faz pensar que nas relações de poder, que envolvem a produção curricular, existem espaços de resistência. E por mais empecilhos que os profissionais responsáveis por esse processo de construção possam ter enfrentado, suas convicções teóricas e ideológicas, de certa forma, contaminaram a produção do currículo formal.

Este estudo não pretende afirmar que esse processo se deu de forma harmoniosa. Como mostram os relatos dos elaboradores da proposta, muitos pontos defendidos por eles tiveram de ser readequados e "suavizados", conforme as exigências da Secretaria Municipal de Educação. Mas o que interessa destacar é que os/as professores/as de Educação Física estão sendo convidados/as pelo documento oficial (currículo prescrito) a desenvolverem práticas pedagógicas pautadas em um campo teórico (Estudos Culturais e multiculturalismo crítico), que se interessa na desconstrução de qualquer forma de discriminação ligada à classe, gênero, sexo, etnia, orientação sexual, idade, local de moradia, religião etc., por meio de ações que valorizem o direito à diferença e o respeito ao Outro, em uma lógica que problematize os fatores responsáveis pelas injustiças de qualquer ordem.

Se a proposta oficial, materializada no currículo formal da SME/SP para a área de Educação Física, potencializa a prática dos/as professores/as intelectuais transformadores/as (GIROUX, 1992), bastava direcionar os esforços na compreensão de como esse fato se concretiza no currículo vivido. Foi, então, que esta investigação identificou, nessa zona de ambivalência, no espaço-tempo de fronteira que caracteriza o currículo, restrições e possibilidades de ações que ora dificultam o trabalho dos/as docentes que querem desenvolver a proposta defendida pelo currículo oficial, e ora indicam potencialidades e avanços importantes para a consolidação dos objetivos que norteiam esse projeto educacional.

Cabe reconhecer, entretanto, que os/as professores/as investigados/as fazem parte de um grupo privilegiado, visto que, além de atuar na rede municipal de ensino de São Paulo, possuem experiências no campo da educação[12] que os ajudam, tanto na compreensão da proposta curricular defendida pela SME/SP, como na sua formação política radical, de viés progressista. Não que isso possa ser encarado como precondição para a consolidação do currículo formal na prática, mas que isso motive outros/as pesquisadores/as a realizar novos estudos com públicos mais heterogêneos, do ponto de vista de experiências acadêmicas.

Outro aspecto que merece ser destacado refere-se aos dados obtidos na investigação. Como eles foram obtidos basicamente por meio de entrevistas com professores/as e elaboradores da proposta curricular e da análise do documento "Orientações Curriculares", o que se observa são as opiniões e impressões desses/as sujeitos acerca de sua prática docente e em relação à proposta curricular elaborada pela SME/SP. Não foi possível acompanhar a prática dos/as docentes por meio de observações de aulas e de outras relações sociais que ocorrem no interior das escolas, as quais demandariam outro tipo de pesquisa. Este estudo procurou obter

---

[12] Lembrando que os/as professores/as investigados/as participam de um grupo de estudos na Universidade de São Paulo, são coautores do livro "Praticando Estudos Culturais na Educação Física" e alguns atuam como formadores na SME/SP.

a visão de um conjunto de/a professores/as sobre as dificuldades e possibilidades enfrentadas no cotidiano das aulas pautadas na concepção cultural.

Assim sendo, especificamente por meio das entrevistas com esses sujeitos, foram interpretadas as fronteiras que precisam ser ultrapassadas pelos/as professores/as multiculturalistas críticos/as e as potencialidades pedagógicas que precisam, cada vez mais, ser fortalecidas e aprofundadas. No primeiro caso, sabe-se que muitos desses obstáculos poderiam ser superados com maior facilidade, caso a política educativa da SME/SP articulasse estratégias que respaldassem o trabalho desses/as profissionais. Sabe-se, também, que muitas dessas barreiras precisam ser rompidas nas próprias relações sociais que ocorrem no interior das escolas. No segundo caso, os sucessos obtidos pelos/as professores/as, ao serem interpretados à luz da teorização curricular, podem oferecer elementos para que eles/as e outros/as profissionais reorganizem suas estratégias de resistência no cotidiano das aulas.

Em relação às dificuldades enfrentadas pelos/as docentes entrevistados/as, a pesquisa apontou para uma resistência em relação às aulas de Educação Física pautadas na concepção cultural. Como essa concepção lança um ataque contra a cultura hegemônica e, consequentemente, procura desmascarar tudo que sempre foi considerado como inquestionável no contexto escolar, é de se esperar que os sujeitos adaptados à ideologia dominante, ao se deparar com o novo, estranhem, em um primeiro instante, e rejeitem posteriormente. Foi deflagrado, ao longo da pesquisa, um choque entre a tradição monocultural, homogeneizante, que domina a vida escolar, e as práticas dos/as docentes comprometidas com a valorização da diversidade cultural.

A fronteira da resistência precisa ser enfrentada e rompida no que diz respeito aos/às estudantes acostumados com outro modelo de Educação Física; aos/às próprios/as professores/as que pretendem trabalhar com a proposta, mas que são frutos de experiências anteriores, pautadas em outras concepções; em relação aos profissionais que ocupam cargos de gestão (diretores, coordenadores); e professores/as, tanto de outros componentes curriculares, como da própria área de Educação Física.

Não é possível, entretanto, padecer do mesmo mal de outras concepções homogeneizantes e vislumbrar que todos/as trabalhem e acreditem na concepção cultural, à qual defendeu-se politicamente ao longo desta pesquisa. É exatamente na diferença que esse campo teórico se apoia, e seria não só ingênuo/a, mas incoerente, buscar uma uniformização da concepção que é defendida neste estudo, em todo o ambiente escolar. É importante compreender o jogo de poder que ocorre tanto no nível macro (nas dimensões globais, nas políticas governamentais, nas políticas educativas oficiais etc.), como no nível micro (nas relações hierárquicas, nas relações entre professor/a e aluno/a, aluno/a e aluno/a etc.) para articular estratégias que abalem tudo aquilo que é tido como universal e verdadeiro, mas que provoca qualquer tipo de injustiça social.

Esta pesquisa mostrou que os/as professores/as de Educação Física que utilizam o referencial teórico do multiculturalismo crítico e dos Estudos Culturais para organizarem suas ações didáticas, estão enfrentando, praticamente sozinhos, uma verdadeira batalha nas escolas em que trabalham: o que enfraquece o poder de mudança de representações. Entende-se que a adoção de estratégias de mudança não pode ficar restrita às mãos dos/as professores/as. Sendo eles atores da mudança, necessitam de outros parceiros que os ajudem na construção de novas mentalidades, atitudes e práticas, e de melhores condições nos seus lugares de trabalho (PERES, 1999 apud QUEIROZ, 2009, p. 23).

Sobre essa questão, a SME/SP possui uma responsabilidade primordial. Porém, como identificado no decorrer da investigação, sua política de formação de/a professores/as tem se mostrado deficitária, já que falta um trabalho direcionado às pessoas que ocupam cargos de gestão (diretores e coordenadores), para que, minimamente, apropriem-se do documento oficial. Ao mesmo tempo, existe um apoio por parte da Secretaria a cursos de formação de caráter técnico e o incentivo à formação de turmas de treinamento esportivo, que são incoerentes com a concepção defendida pela proposta curricular oficial.

Em relação às potencialidades pedagógicas do currículo cultural da Educação Física, a investigação mostrou que existem diversos motivos para o otimismo. Se por um lado foi identificada uma postura inicial de resistência dos/as estudantes nas aulas fundamentadas na concepção cultural, é interessante, também, que se frise a mudança de representação dos/as alunos/as no decorrer do processo e a consequente valorização da área de conhecimento por eles/as próprios/as.

Segundo relatos dos/as professores/as entrevistados/as, passada a fase de estranhamento e resistência, os/as estudantes reconheceram a área de Educação Física como um componente curricular dotado de objetivos educacionais e de um corpo de conhecimentos digno de ser estudado. Ao abrir espaços para que as manifestações da cultura corporal, provenientes dos grupos marginalizados (das mulheres, dos negros, das classes desfavorecidas) fizessem parte do cotidiano das aulas, os/as professores/as colaboraram para que esses grupos tivessem suas identidades reconhecidas no currículo escolar.

A partir das entrevistas com os/as docentes, identificou-se, também, um grande potencial das aulas de Educação Física pautadas na perspectiva cultural, na desconstrução de relações opressoras de classe, gênero e etnia. É evidente que para se ter mais clareza quanto a esse potencial, estudos de natureza etnográfica poderiam ser mais viáveis. Foram situações pontuais destacadas pelos/as professores/as que permitiram fazer essa inferência. Ademais, alguns/as docentes sinalizaram que as aulas de Educação Física, sob o enfoque cultural, permitiram que os/as estudantes se reconhecessem como produtores de conhecimento, assumindo suas identidades no grupo.

Apesar de anteriormente ter sido mencionado que foi identificada uma sensação de isolamento nas entrevistas com os/as docentes, nas quais os mesmos encontram sérias dificuldades nas relações sociais no interior das escolas, é preciso ressalvar que não evidenciou-se uma sensação de impotência, visto que existe um esforço, desprendido por eles/as, para buscar alianças. Alguns/as docentes, inclusive, mencionaram que estão conseguindo realizar alguns trabalhos interdisciplinares. A tarefa de formular uma pedagogia da possibilidade não pode ser feita de forma isolada (SIMON, 1995, p. 61). Faz parte do ofício dos/as educadores/as radicais a formulação de estratégias para conseguir parceiros/as que possam lutar juntos/as pelos seus sonhos revolucionários.

Se, ao longo da presente pesquisa, evidenciou-se diversas potencialidades pedagógicas do currículo de Educação Física sob o enfoque cultural, entende-se, também, que o multiculturalismo exige uma mudança no sistema escolar, em seu conjunto (GIMENO SACRISTÁN, 2001). As dificuldades apresentadas pelos/as docentes investigados/as fazem pensar que, nas escolas onde lecionam, inexiste um projeto político-pedagógico engajado nas questões multiculturais. Por outro lado, os êxitos e conquistas relatadas pelos/as docentes mostram que não é preciso esperar por reformas institucionais ou estatais para colocar em ação os esforços locais (SIMON, 1995, p. 65), até porque, como defende Santos (2010, p. 111), quanto mais global for o problema, mais locais e mais multiplamente locais devem ser as soluções.

No caso da política educacional oficial da Prefeitura de São Paulo, identificou-se, por meio desta investigação, que existe, materializada, uma proposta curricular de Educação Física que interpreta a cultura de maneira contrastante, que desafia ideologias hegemônicas e dá voz coletiva às lutas de grupos subordinados (GIROUX, 1999). Considera-se, portanto, ser esse um passo importante para que os/as educadores/as radicais, ao estarem amparados/as e, de certa maneira, protegidos/as pela política oficial, construam práticas pedagógicas que legitimem as experiências culturais dos diferentes grupos sociais inseridos no âmbito escolar. Ainda que, para isso, tenham que transpor fronteiras.

O sonho pela mudança jamais se concretizará sem ação. Espera-se que este trabalho contribua para maior reflexão dos sujeitos envolvidos com a educação, que apresente caminhos para o processo de reorientação curricular da SME/SP, ainda em vigência, e que sirva de estímulo para que outros/as educadores radicais lutem por uma Educação Física mais crítica, justa, solidária e democrática, em que todos/as os/as estudantes, independentemente de sua classe, gênero, etnia, orientação sexual, idade, religião etc. tenham a oportunidade de estudar e vivenciar as manifestações corporais, presentes ou não, em seus universos culturais, conscientizando-se da necessidade do respeito ao Outro e da afirmação de suas próprias identidades.

Mais uma vez, é importante ressaltar que este estudo centrou seus esforços na investigação de um grupo restrito de professores/as, que dispõe de certas condições favoráveis para colocar em prática a proposta curricular defendida pela SME/SP. O problema que guiava esta pesquisa exigiu o percurso traçado. Sendo assim, a interpretação dos dados buscou ser a mais ampla e possível dentro do problema focalizado, indicando as problemáticas e conquistas que habitam o cenário de um processo de reorientação curricular de qualquer política educativa. É necessário que novas investigações sejam realizadas para ampliar o debate que permeia as questões multiculturais no contexto educacional. Espera-se que esta pesquisa estimule o trabalho de outros/as pesquisadores/as e das pessoas envolvidas nessa política curricular, para que novas reflexões e interpretações gerem mais e mais conhecimentos, contribuindo para um cruzamento de fronteiras, uma superação dos discursos que defendem, por um lado, a escola como um território neutro e, por outro, a escola como vítima indefesa do papel reprodutor e alienante designado a ela. Prefere-se acreditar que a escola é, também, um terreno repleto de possibilidades, no qual o currículo é um arquipélago cercado de relações de poder por todos os lados, existindo uma disputa de forças entre práticas que caminham na direção da adaptação desse modelo de sociedade em que se vive e práticas que trilham por caminhos opostos, contestando os discursos e estruturas responsáveis por injustiças de qualquer ordem. Nesse terreno emaranhado de poder, que é o currículo, acreditar-se-á, sempre, que existam espaços para resistência.

Referências bibliográficas

ALVES, A. J. O planejamento de pesquisas qualitativas em educação. *Cadernos de Pesquisa*, São Paulo, n. 77, p. 53-61, mai. 1991.

ALVES-MAZZOTTI, A. J. O método nas ciências sociais. In: ALVES-MAZZOTTI, A. J.; GEWANDSZNAJDER, F. *O método das ciências naturais e sociais*. 2. ed. São Paulo: Pioneira Thomson Learning, 2004.

ANDRÉ, M. E. D. A. Texto, contexto e significados: algumas questões na análise de dados qualitativos. *Cadernos de Pesquisa*, São Paulo, n. 45, p. 66-70, mai. 1983.

APPLE, M. W. *Ideologia e currículo*. 3. ed. Porto Alegre: Artmed, 2006.

_____. A política do conhecimento oficial: Faz sentido a ideia de um currículo nacional? In: MOREIRA, A. F. B.; SILVA, T. T. *Currículo, cultura e sociedade*. 11. ed. São Paulo: Cortez, 2009.

APPLE, M. W; BEANE, J. A. *Escolas democráticas*. 2. ed. São Paulo: Cortez, 2001.

BARDIN, L. *Análise de conteúdo*. Lisboa: Edições 70, 1977.

BHABHA, H. K. *O local da cultura*. Belo Horizonte: UFMG, 2001.

BOGDAN, R. C; BIKLEN, S. K. *Investigação qualitativa em educação*: uma introdução à teoria e aos métodos. Porto: Porto Editora, 1994.

BRACHT, V. A criança que pratica esporte respeita as regras do jogo... capitalista. *Revista Brasileira de Ciências do Esporte*, n. 7, p. 62-8, 1986.

BRASIL. Secretaria de Educação Fundamental. *Parâmetros Curriculares Nacionais: Educação Física (3º e 4º Ciclos)*. Brasília: MEC/SEF, 1998.

BROTTO, F. O. *Jogos cooperativos*: o jogo e o esporte como um exercício de convivência. Santos, SP: Projeto Cooperação, 2001.

CANDAU, V. M. Formação continuada de professores: tendências atuais. In: CANDAU, V. M. (Org.). *Magistério*: construção cotidiana. Petrópolis, RJ: Vozes, 1997.

_____. Sociedade, cotidiano escolar e cultura(s): uma aproximação. *Educação & Sociedade*, Campinas, v. 23, n. 79, ago. 2002.

CANEN, A. Formação de professores e diversidade cultural. In: CANDAU, V. M. (Org.). *Magistério*: construção cotidiana. Petrópolis, RJ: Vozes, 1997.

_____. Educação multicultural, identidade nacional e pluralidade cultural: tensões e implicações curriculares. *Cadernos de Pesquisa*, São Paulo, n. 111, p. 135-49, dez. 2000.

_____. O multiculturalismo e seus dilemas: implicações na educação. *Comunicação e política*, Rio de Janeiro, v. 25, n. 2, p. 91-107, 2007.

CANEN, A; OLIVEIRA, A. M. A. Multiculturalismo e currículo em ação: um estudo de caso. *Revista Brasileira de Educação*, n. 21, p. 61-74, 2002.

CARBONELL, J. *A aventura de inovar*: a mudança na escola. Porto Alegre: Artmed, 2002.

CHIZZOTTI, A. *Pesquisa em ciências humanas e sociais*. 6. ed. São Paulo: Cortez, 2003.

CONNELL, R. W. Justiça, conhecimento e currículo na educação contemporânea. In: SILVA, L. H.; AZEVEDO, J. C. (Orgs.). *Reestruturação curricular*: teoria e prática no cotidiano da escola. Petrópolis, RJ: Vozes, 1995.

COSTA, M. V. et al. Estudos Culturais, educação e pedagogia. *Revista Brasileira de Educação*, n. 23, p. 36-61, 2003.

DALBÉRIO, M. C. B. Gestão democrática e participação na escola pública popular. *Revista Iberoamericana de Educación*, n. 47/3, out. 2008. Disponível em: <http://www.rieoei.org/deloslectores/2420Borges.pdf>. Acesso em: 18 ago. 2011.

ESCOSTEGUY, A. C. Estudos Culturais: uma introdução. In: SILVA, T. T. (Org.). *O que é, afinal, Estudos Culturais?* 3. ed. Belo Horizonte: Autêntica, 2004.

ESCUDERO, N. T. G.; NEIRA, M. G. Avaliação da aprendizagem em educação física: uma escrita autopoiética. *Est. Aval. Educ.*, São Paulo, v. 22, n. 49, p. 285-304, mai.-ago. 2011.

FANFANI, E. T. Culturas jovens e cultura escolar. In: SEMINÁRIO "ESCOLA JOVEM: UM NOVO OLHAR SOBRE O ENSINO MÉDIO", 2000, Brasília. Disponível em: <http://portal.mec.gov.br/seb/arquivos/pdf/EmilioTentiF.pdf>. Acesso em: 27 out. 2010.

FORQUIN, J. C. Introdução: currículo e cultura. In: _____. *Escola e cultura*: bases epistemológicas do conhecimento escolar. Porto Alegre: Artmed, 1993. FREIRE, P. *Pedagogia da autonomia*: saberes necessários à prática educativa. 25. ed. São Paulo: Paz e Terra, 2002.

_____. *Pedagogia do oprimido*. 46. ed. Rio de Janeiro: Paz e Terra, 2005.
FREIRE, P.; SHOR, I. *Medo e ousadia*: o cotidiano do professor. 8. ed. Rio de Janeiro: Paz e Terra, 2000.
GARCIA, R. L. Currículo emancipatório e multiculturalismo: reflexões de viagem. In: SILVA, T. T; MOREIRA, A. F. B. (Orgs.). *Territórios Contestados*: o currículo e os novos mapas políticos e culturais. 5. ed. Petrópolis, RJ: Vozes, 2001.
CANCLINI, N. G. *Culturas híbridas*: estratégias para entrar e sair da modernidade. 4. ed. São Paulo: Edusp, 2008.
_____. *Diferentes, desiguais e desconectados*. 3. ed. Rio de Janeiro: Ed. UFRJ, 2009.
GIMENO SACRISTÁN, J. Currículo e diversidade cultural. In: SILVA, T.T.; MOREIRA, A. F. B. (Orgs.). *Territórios Contestados*: o currículo e os novos mapas políticos e culturais. 5. ed. Petrópolis, RJ: Vozes, 2001.
_____. O significado e a função da educação na sociedade e na cultura globalizadas. In: GARCIA, R. L.; MOREIRA, A. F. B. (Orgs.). *Currículo na contemporaneidade*: incertezas e desafios. São Paulo: Cortez, 2003.
GIROUX, H. A. *Teoria crítica e resistência em educação*. Petrópolis, RJ: Vozes, 1983.
_____. *Escola crítica e política cultural*. 3. ed. São Paulo: Cortez, 1992.
_____. Praticando estudos culturais nas faculdades de educação. In: SILVA, T.T. (Org.). *Alienígenas na sala de aula*: uma introdução aos estudos culturais em educação. Petrópolis, RJ: Vozes, 1995.

_____. *Cruzando as fronteiras do discurso educacional*: novas políticas em educação. Porto Alegre: Artmed, 1999.

_____. *Atos impuros*: a prática política dos estudos culturais. Porto Alegre: Artmed, 2003.

GIROUX, H; MCLAREN, P. Formação do professor como uma contra-esfera pública: a pedagogia radical como uma forma de política cultural. In: MOREIRA, A. F. B.; SILVA, T. T. *Currículo, cultura e sociedade*. 11. ed. São Paulo: Cortez, 2009.

GIROUX, H; SIMON, R. Cultura popular e pedagogia crítica: a vida cotidiana como base para o conhecimento curricular. In: MOREIRA, A. F. B.; SILVA, T. T. (Orgs.). *Currículo, cultura e sociedade*. 11. ed. São Paulo: Cortez, 2009.

GOMES, R. Análise e interpretação de dados de pesquisa qualitativa. In: MINAYO, M. C. S.; DESLANDES, S. F.; GOMES, R. *Pesquisa social*: teoria, método e criatividade. 27. ed. Petrópolis, RJ: Vozes, 2008.

GÓMEZ, A. I. P. As funções sociais da escola: da reprodução à reconstrução crítica do conhecimento e da experiência. In: GIMENO SACRISTÁN, J.; PÉREZ GÓMEZ, A. I. *Compreender e transformar o ensino*. 4. ed. Porto Alegre: Artmed, 1998.

GOODSON, I. F. Currículo: a invenção de uma tradição. In: _____. *Currículo*: teoria e história. Petrópolis, RJ: Vozes, 1995.

GREEN, B.; BIGUM, C. Alienígenas na sala de aula. In: SILVA, T. T. (Org.). *Alienígenas na sala de aula*: uma introdução aos estudos culturais em educação. Petrópolis, RJ: Vozes, 1995.

HADJI, C. *Avaliação desmistificada*. Porto Alegre: Artmed, 2001.

HALL, S. A centralidade da cultura: notas sobre as revoluções de nosso tempo. *Educação e Realidade*, Porto Alegre, v. 22, n. 2, p. 15-46, 1997.

_____. *A identidade cultural na pós-modernidade*. 7. ed. Rio de Janeiro: DP&A, 2003a.

_____. Quem precisa de identidade? In: SILVA, T. T. (Org.). *Identidade e diferença*:a perspectiva dos Estudos Culturais. 2. ed. Petrópolis, RJ: Vozes, 2003b.

_____. *Da diáspora*: identidades e mediações culturais. Belo Horizonte: UFMG, 2009.

KINCHELOE, J. L.; STEINBERG, S. R. *Repensar el multiculturalismo*. Barcelona: Octaedro, 1999.

KUNZ, E. *Transformação didático-pedagógica do esporte*. Ijuí, RS: Ed. Unijuí, 1998.

_____. (Org.). *Didática da educação física 1*. 4. ed. Ijuí, RS: Ed. Unijuí, 2006. (Coleção Educação Física).

LAVILLE, C.; DIONNE, J. *A construção do saber*: manual de metodologia da pesquisa em ciências humanas. Porto Alegre: Artmed; Belo Horizonte: UFMG, 1999.

LEITE, C. M. F. *O currículo e o multiculturalismo no sistema educativo português*. Lisboa: Fundação Calouste Gulbenkian, 2002.

LOURO, G. L. *Gênero, sexualidade e educação*: uma perspectiva pós-estruturalista. Petrópolis, RJ: Vozes, 1997.

LÜDKE, M; ANDRÉ, M. E. D. A. *Pesquisa em educação*: abordagens qualitativas. São Paulo: EPU, 1986.

MACEDO, E. F. *Parâmetros Curriculares Nacionais*: a falácia de seus temas transversais. In: MOREIRA, A. F. B. (Org.). *Currículo*: políticas e práticas. 10. ed. Campinas, SP: Papirus, 1999.

_____. Currículo como espaço-tempo de fronteira cultural. *Revista Brasileira de Educação*, v. 11, n. 32, mai.-ago. 2006.

MCLAREN, P. *A vida nas escolas*: uma introdução à pedagogia crítica nos fundamentos da educação. Porto Alegre: Artmed, 1997.

_____. *Multiculturalismo revolucionário*: pedagogia do dissenso para novo milênio. Porto Alegre: Artmed, 2000a.

_____. *Multiculturalismo crítico*. São Paulo: Cortez: Instituto Paulo Freire, 2000b. (Coleção Prospectiva, v. 3).

MCROBBIE, A. Pós-marxismo e estudos culturais. In: SILVA, T. T. (Org.). *Alienígenas na sala de aula*: uma introdução aos estudos culturais em educação. Petrópolis, RJ: Vozes, 1995.

MEDINA, J. P. S. *A educação física cuida do corpo... e "mente"*. Campinas, SP: Papirus, 1983.

MOREIRA, A. F. B. Propostas curriculares alternativas: limites e avanços. *Educação & Sociedade*, ano 21, n. 73, dez. 2000.

_____. A recente produção científica sobre currículo e multiculturalismo no Brasil (19952000): avanços, desafios e tensões. *Revista Brasileira de Educação*, n. 18, p. 65-81, 2001.

_____. Currículo, diferença cultural e diálogo. *Educação & Sociedade*, Campinas, v. 23, n. 79, ago. 2002.

MOREIRA, A. F. B.; CÂMARA, M. J. Reflexões sobre currículo e identidade: implicações para a prática pedagógica. In: MOREIRA, A. F. B.; CANDAU, V. M. (Orgs.). *Multiculturalismo*: diferen-

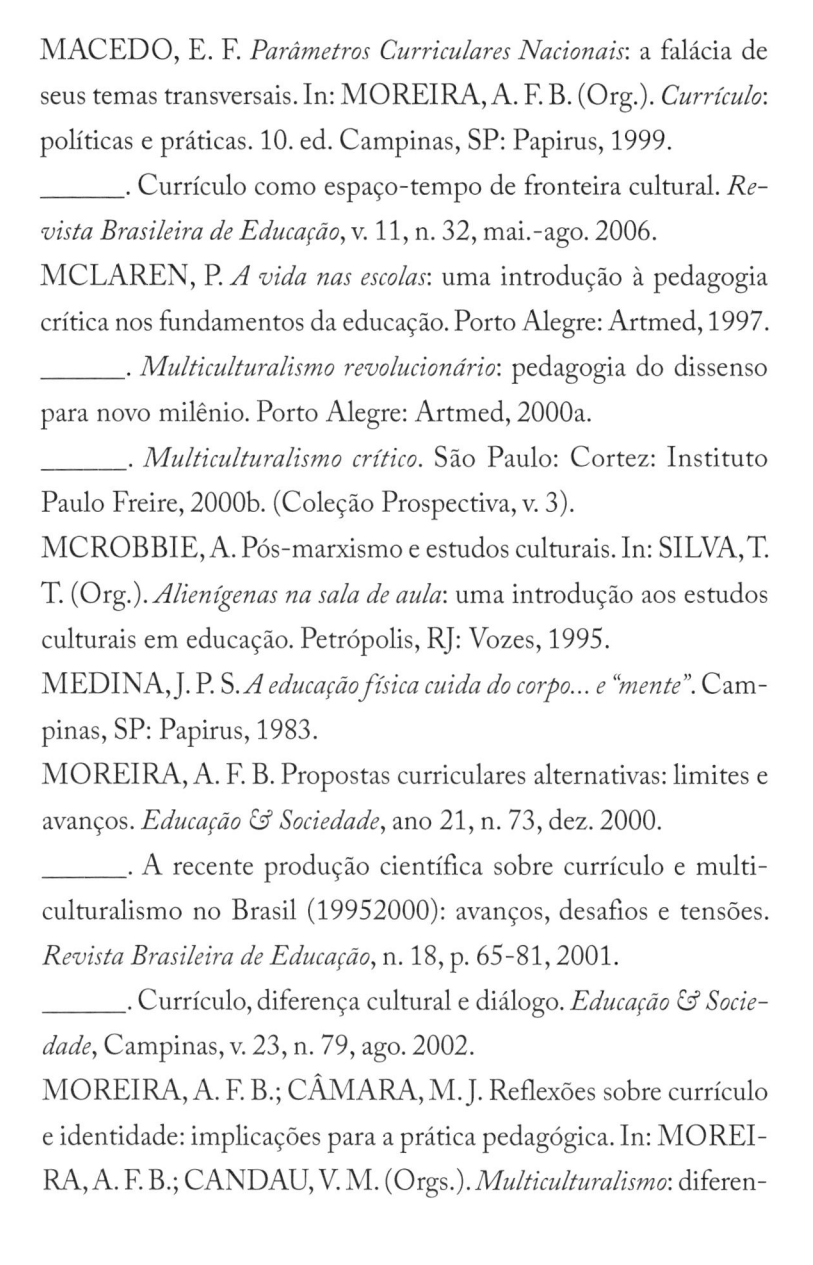

ças culturais e práticas pedagógicas. Petrópolis, RJ: Vozes, 2008.
MOREIRA, A. F. B.; CANDAU, V. M. Educação escolar e cultura(s): construindo caminhos. *Revista Brasileira de Educação*, n. 23, p. 156-68, 2003.
MOREIRA, A. F. B.; MACEDO, E. F. Em defesa de uma orientação cultural na formação de professores. In: CANEN, A.; MOREIRA, A. F. B. (Orgs.). *Ênfases e omissões no currículo*. Campinas, SP: Papirus, 2001. (Coleção Magistério: Formação e trabalho pedagógico).
MOREIRA, A. F.; SILVA, T. T. Sociologia e teoria crítica do currículo: uma introdução. In: _____. *Currículo, cultura e sociedade*. 11. ed. São Paulo: Cortez, 2009.
NEIRA, M. G. *Ensino de educação física*. São Paulo: Thomson Learning, 2007. (Coleção Ideias em ação).
_____. A educação física em contextos multiculturais: concepções docentes acerca da própria prática pedagógica. *Currículo sem fronteiras*, v. 8, n. 2, p. 39-54, jul.-dez. 2008.
_____. Desvelando Frankensteins: interpretações dos currículos de licenciatura em Educação Física. *Revista Brasileira de Docência, Ensino e Pesquisa em Educação Física*, v. 1, n. 1, p. 118-40, ago. 2009.
NEIRA, M. G.; NUNES, M. L. F. *Pedagogia da cultura corporal*: crítica e alternativas. São Paulo: Phorte, 2006.
_____. *Educação física, currículo e cultura*. São Paulo: Phorte, 2009a.
_____. *Praticando estudos culturais na educação física*. São Caetano do Sul: Yendis, 2009b.

NELSON, C. et al. Estudos Culturais: uma introdução. In: SILVA, T. T. (Org.). *Alienígenas na sala de aula*: uma introdução aos estudos culturais em educação. Petrópolis, RJ: Vozes, 1995.

NUNES, M. L. F.; RÚBIO, K. O(s) currículo(s) da educação física e a constituição da identidade de seus sujeitos. *Currículo sem fronteiras*, v. 8, n. 2, p. 55-77, jul.-dez. 2008.

QUEIROZ, A. R. O. *Multiculturalidade na sala de aula*: desafios à formação contínua de professores do 1º ciclo. 2009. Dissertação (Mestrado em Ciências da Educação) Universidade de Lisboa, Porto, 2009.

QUIVY, R.; VAN CAMPENHOUDT, L. *Manual de investigação em ciências sociais*. Lisboa: Gradiva, 1998.

ROSA, M. I. P. Experiências interdisciplinares e formação de professores(a)s de disciplinas escolares: imagens de um currículo--diáspora. *Pró-Posições*, v. 18, n. 2, p. 10-25, mai.-ago. 2007.

SILVA, T. T. *Identidades terminais*: as transformações na política da pedagogia e na pedagogia da política. Petrópolis, RJ: Vozes, 1996.

_____. Os novos mapas culturais e o lugar do currículo numa paisagem pós-moderna. In: SILVA, T. T; MOREIRA, A. F. B. (Orgs.). *Territórios Contestados*: o currículo e os novos mapas políticos e culturais. 5. ed. Petrópolis, RJ: Vozes, 2001.

_____. A produção social da identidade e da diferença. In: _____. (Org.). *Identidade e diferença*: a perspectiva dos Estudos Culturais. 2. ed. Petrópolis, RJ: Vozes, 2003.

_____. *Documentos de identidade*: Uma introdução às teorias do currículo. 3. ed. Belo Horizonte: Autêntica, 2009.

SIMON, R. I. A pedagogia como uma tecnologia cultural. In: SILVA, T. T. (Org.). *Alienígenas na sala de aula*: uma introdução aos estudos culturais em educação. Petrópolis, RJ: Vozes, 1995.

SME/DOT. *Referencial de expectativas para o desenvolvimento da competência leitora e escritora no ciclo II*: caderno de orientação didática de Educação Física. São Paulo: SME/DOT, 2006.

_____. *Orientações Curriculares e Proposição de expectativas de aprendizagem para o Ensino Fundamental*: Ciclo II – Educação Física. São Paulo: SME/DOT, 2007.

SOARES, C. L. et al. *Metodologia do ensino da educação física*. São Paulo: Cortez, 1992.

SOUSA, E. S.; ALTMANN, H. Meninos e meninas: expectativas corporais e implicações na educação física escolar. *Caderno Cedes*, ano 19, n. 48, ago. 1999.

SANTOS, B. S. Para uma pedagogia do conflito. In: SILVA, L. H.; AZEVEDO, J. C.; SANTOS, E. S. (Orgs.). *Novos mapas culturais, novas perspectivas educacionais*. Porto Alegre: Sulina, 1996.

_____. Dilemas do nosso tempo: globalização, multiculturalismo e conhecimento. *Currículo sem fronteiras*, v. 3, n. 2, p. 5-23, jul.-dez. 2003.

_____. *Pela mão de Alice*: o social e o político na pós-modernidade. 13. ed. São Paulo: Cortez, 2010.

STENHOUSE, L. *Investigación y desarrollo del curriculum*. 3. ed. Madrid: Edicions Morata, 1991.

SZYMANSKI, H. et al. Perspectivas para a análise de entrevistas. In: _____. (Org.). *A entrevista na pesquisa em educação*: a prática reflexiva. Brasília: Líber Livro Editora, 2004. (Série Pesquisa em Educação, 4).

SANTOMÉ, J. T. As culturas negadas e silenciadas no currículo. In: SILVA, T. T. (Org.). *Alienígenas na sala de aula*: uma introdução aos estudos culturais em educação. Petrópolis, RJ: Vozes, 1995.

_____. *Globalização e interdisciplinaridade*: o currículo integrado. Porto Alegre: Artmed, 1998.

_____. Diversidad cultural y contenidos escolares. *Revista de Educación*, La Coruña, n. 345, p. 83-110, jan.-abr. 2008.

TRIVIÑOS, A. N. S. *Introdução à pesquisa em ciências sociais*: a pesquisa qualitativa em educação. 4. ed. São Paulo: Atlas, 1995.

WARSCHAUER, C. *A roda e o registro*: uma parceria entre professor, alunos e conhecimento. 2. ed. Rio de Janeiro: Paz e Terra, 1997.